A ARTE DE DECIDIR

2ª Edição

Editora Anjo
São Paulo, 2022

FABIO RUIZ

A ARTE DE DECIDIR

O IMPOSSÍVEL CABE A VOCÊ REALIZAR

A arte de decidir: o impossível cabe a você realizar

Direção editorial: Andresa Stipp

Editor chefe: Norberto Augusto Anjo

Ilustração interna e da capa: Sérgio Ricciuto Conte © 2021

Foto do autor: Cláudio Castanhola

Impresso no Brasil – Editora Anjo

Revisão: George André Savy

Diagramação: Grazi Fontes

A ARTE DE DECIDIR
O impossível cabe a você realizar
2ª edição - São Paulo
EDITORA ANJO
192 PGS - orelhas / Tipo papel: Pólen
Veiculação: Físico/ Segunda edição especial Bestseller
Categoria: Luxo
Gênero: Autoajuda – CDD - 158.1

ISBN
978-65-88718-46-9

A ARTE DE DECIDIR
O impossível cabe a você realizar

GRUPO EDITORIAL EDITORA ANJO
WWW.EDITORAANJO.COM.BR
INSTAGRAM: EDITORAANJO

"Mesmo quando tudo parece desabar, cabe a mim decidir entre rir ou chorar, ir ou ficar, desistir ou lutar; porque descobri, no caminho incerto da vida, que o mais importante é o decidir."

Cora Coralina

AGRADECIMENTOS

Aos meus grandes amores, responsáveis pela minha evolução e pelo meu ingresso na segunda jornada da minha vida, que é a dedicação à família e ao meu crescimento pessoal e espiritual. Maristela, Isabela e Rafael, vocês são a água que refrigera a minha alma, em permanente transformação.

Ao meu querido amigo, incentivador e orientador Augusto Cury, que despertou no meu coração a necessidade de dividir com a humanidade o resultado das minhas experiências. Ouvir de você, meu querido amigo, o autor mais lido da década, que eu deveria compartilhar com a humanidade o fruto das minhas experiências enriqueceu o sentido da minha vida.

Ao meu irmão Ricardo e minha cunhada Jurema, imprimir o nome de vocês em algumas páginas deste livro seria muito pouco pelo tanto que ocuparam as páginas da minha vida! Vocês estiveram ao meu lado cada segundo de minha construção como pessoa. Na alegria, vibraram comigo; na tristeza, derramaram lágrimas; na angústia, me deram colo; no desespero, me deram o braço, o abraço. Sempre tiveram uma palavra de conforto para os meus muitos momentos de tristeza, de solidão. Sintam-se presentes em cada letra, em cada palavra, em cada frase, em cada página deste livro. Não há ninguém que conheça esta história tão profundamente como vocês.

SUMÁRIO

Agradecimentos *7*

Prefácio *15*

Introdução *19*

Capítulo I

O DESPERTAR 23

Chave 1: Desperte para o que há de melhor em você!

Capítulo II

A MORTE COMO RENASCIMENTO 31

Chave 2: Siga adiante!

Capítulo III

EXTRAIR O MELHOR DAS OPORTUNIDADES 39

Chave 3: O impossível cabe a você realizar.

Capítulo IV

RELAÇÃO A DOIS 47

Chave 4: Coloque-se no lugar do outro.

Capítulo V

O CONTROLE NÃO ESTÁ EM SUAS MÃOS 59

Chave 5: Não lamente, aceite.

Capítulo VI

O SER EMPREENDEDOR 63

Chave 6: Transforme, faça, aconteça, realize.

Capítulo VII

O DESAFIO DO CRESCIMENTO 71

Chave 7: Avance sem medo.

Capítulo VIII

NEM POR UM BILHÃO 83

Chave 8: Decida-se a favor do que realmente importa.

Capítulo IX

REDESCOBRINDO A ESSÊNCIA 91

Chave 9: Paciência com você mesmo.

Capítulo X

A VIDA NÃO É UM CLIQUE 99

Chave 10: Acalme-se. O tempo é fator indispensável à conquista.

Capítulo XI

GRATIDÃO 105

Chave 11: Compartilhe experiências.

Capítulo XII

PERSISTÊNCIA 113

Chave 12: Não existe barreira intransponível.

Capítulo XIII

LIDERANÇA 121

Chave 13: Nenhum líder é unânime.

Capítulo XIV

O 'NÓS' É MELHOR DO QUE O 'EU' 127

Chave 14: Seja sensato.

Capítulo XV

PESSOAS NO CENTRO DO UNIVERSO 133

Chave 15: O ser humano não é substituível.

Capítulo XVI

A HUMILDADE ANTECEDE A HONRA 143

Chave 16: Transforme a inveja em admiração.

Capítulo XVII

O FASCÍNIO PELO SUCESSO 149

Chave 17: A felicidade pode estar bem mais perto do que você imagina!

Capítulo XVIII

DIAS TRISTES NÃO DURAM MAIS QUE OS DIAS FELIZES ... 161

Chave 18: Exija menos de você.

Capítulo XIX

UM FLERTE COM A DEPRESSÃO 167

Chave 19: Decida dar a si mesmo uma nova chance.

Capítulo XX
A TRANSFORMAÇÃO 179
Chave 20: Ninguém pode fazer por você o que só você pode fazer por você mesmo.

Epílogo *185*

Mensagem final *191*

Contatos do autor *191*

PREFÁCIO DE AUGUSTO CURY

Escrever é uma arte fascinante, por vezes extenuante, mas frequentemente inspiradora! Escrever não é apenas usar palavras, mas lapidar pensamentos, forjar ideias, expressar experiências, inspirar pessoas e provocar o ser humano que está nos lendo a fazer a mais importante viagem que ele deve empreender na vida: a viagem para dentro de si mesmo. Os livros são tão fascinantes que podem trazer força para o cansado, ousadia para os inseguros, crítica para o pensador e experiência para os que amam aprender a aprender!

E eu sempre encorajo as pessoas que sonham em escrever seus livros a não se intimidarem, a entenderem que quem sonha sem riscos vence sem glórias! Mas poucos ousam, menos ainda são disciplinados para lapidarem a difícil habilidade de escritor! O Fabio é um amigo sincero e profundo há muitos anos. Por ter uma mente brilhante, eu o encorajei a escrever suas ideias, pois foi um grande empreendedor, inovando e empregando milhares de colaboradores! Tenho uma admiração enorme por ele, como ser humano e como líder, mas ele me surpreendeu como escritor. E agora minha admiração se estende a um homem que também lapida suas ideias e disciplinadamente as escreve e reescreve!

Recentemente saiu uma pesquisa dizendo que sou o autor mais lido no país em ficção, e agora tenho a feliz satisfação de ver minhas obras serem versadas para o cinema e seriados, obras como O Vendedor de Sonhos, O Futuro da Humanidade, Armadilhas da Mente, e várias outras! Mas as pessoas não têm ideia do tremendo trabalho intelecto-emocional envolvido e a complexa arte como artesão das palavras por detrás de um livro! Eu escrevo em média dez vezes cada obra!

O Fabio foi neste caminho, conseguiu ir muito mais longe do que eu imaginava em seu livro A ARTE DE DECIDIR! Perceba que em cada capítulo, como "O Despertar" e "O Fascínio pelo Sucesso", existe uma experiência de um grande ser humano, ávido para querer contribuir com a humanidade, desejoso de levar as pessoas a saírem do cárcere do conformismo e entender que elas podem também ir muito mais longe do que têm ido. Seu livro é um exemplo solene de que as ideias não são para se autopromover, mas para promover o leitor; não são para financiar seu ego, mas para estimular o pensamento inteligente; não são para preencher o vazio, mas para gerar criatividade e reinvenção.

Bem-vindos ao livro carregado de experiências, saturado de afetividade, embebido em altruísmo e solidariedade. Bem-vindos ao livro A ARTE DE DECIDIR, pois, como tenho dito, o preço da omissão é muito mais caro e tem mais consequências do que o preço da ação. Parabéns, Fabio! Eu espero sinceramente que você não pare na sua primeira obra. Continue a ser um artesão das palavras! Eu escrevi o primeiro e não parei mais, hoje são cerca de 60 livros! A sociedade agradecerá a sua inteligência, a sua disciplina e o seu compartilhamento. Obrigado por existir.

Augusto Cury
Psiquiatra e escritor

INTRODUÇÃO

Escrevo este livro de alma livre, com a pureza do meu espírito e do meu coração. E assim é porque meu propósito não é a fama, não é a mídia, não é vender livros e me tornar uma celebridade, tampouco arrebanhar seguidores nas mídias sociais. Se você avançar nesta leitura, logo verá que não sou afeito a esse tipo de coisa. Escrevo porque em meus muitos momentos de pai, de filho, de marido, de empresário e, sobretudo, de amigo, consegui de alguma maneira tocar o coração de quem me procurou em busca de um conselho, de uma palavra de alento, de um ouvido apenas ou de um abraço que fosse.

Não tenho grandes pretensões a não ser a de lhe contar minha rica experiência nos muitos papéis que venho exercendo ao longo da vida – e ficar na torcida para que de algum modo minha trajetória sirva como exemplo para transformar para muito melhor a sua e, quem sabe, ajudá-lo nos seus momentos importantes de decisão.

Estou ciente de que só consegue relatar alguma coisa com veracidade tal a ponto de influenciar o outro quem realmente passou por dores, angústias e desafios sem se deixar abater, quem sofreu sem esmorecer, e especialmente quem soube extrair das adversidades, dos equívocos e dos imprevistos o combustível que o fez mais forte, que o impediu de jogar a toalha, entregar os pontos.

Sei também que na maioria das vezes é o peso da idade que nos agracia com tal expertise. Estamos longe, muito longe de poder sugerir a quem quer que seja a melhor conduta de vida, o melhor a fazer diante dos muitos obstáculos e circunstâncias da vida, especialmente quando ainda nos falta a maturidade dos anos. Não me presto aqui a uma mera atividade discursiva nem à narrativa da experiência de terceiros. Tudo o que está nestas páginas foi vivido intensamente por mim. Não é a biografia da minha vida que torna a leitura deste livro útil, mas a riqueza de minhas experiências. Então, tenho certeza de que você deve estar se perguntando: mas, afinal, que experiência tão rica assim um homem de 47 anos apenas tem a me mostrar? Que lições eu posso aprender com ele? Como ele pode me ajudar a me tornar uma pessoa mais firme, mais decidida?

Não, neste livro não estão lições, tampouco se trata de mais um manual de autoajuda a disputar sua atenção. Pretendo apenas compartilhar situações práticas que, espero, possam ser úteis a você em algum momento de sua vida profissional, pessoal, espiritual... Não importa se meu leitor aqui é homem, mulher, jovem, velho, empreendedor, estudante, executivo, esportista, sedentário, assalariado, desempregado, rico, pobre, religioso, ateu... Não importa mesmo.

Ateu, religioso... Sim, você vai perceber que Deus está presente nestas páginas, porém, sem a mínima pretensão de fazer alguém mudar de religião ou aderir a uma. Aliás, Jesus, por sua fantástica liderança e sapiência, é tratado nesta obra por seus inúmeros adjetivos, como "O Homem mais inteligente da história", "O Mestre dos mestres", "O Rei dos reis", "O Grande Conselheiro" e outras denominações.

O que quero deixar claro é que eu próprio não tenho qualquer preferência por esta ou aquela religião. O Mestre dos mestres está aqui porque eu simplesmente não conseguiria falar de mim sem falar de sua misericordiosa providência em todos os instantes, especialmente quando minha vida tinha tudo para dar errado! Contudo, não espere aqui um tratado sobre religião. Não sou nenhum especialista em Teologia nem pretendo trazer a esta obra qualquer discussão técnica sobre os mistérios celestiais. Faço questão apenas de compartilhar com você, meu leitor, o quanto meu relacionamento com esse Ser Superior me tem ajudado a encontrar, ou mesmo recuperar, o equilíbrio pessoal, a vislumbrar saídas para os diversos desafios do meu cotidiano, a entender melhor tudo aquilo que ocorreu comigo nesta longa e intensa jornada e também a ser um homem mais seguro, seguro ao ponto de conseguir discernir o que realmente importa nos muitos processos de decisão que temos de encarar pela vida.

Dividi este livro em VINTE CHAVES, chaves do sucesso para a sua vida pessoal, para o seu negócio, para o seu relacionamento familiar, chaves que só funcionarão se acionadas por você mesmo, chaves que o ajudarão no seu processo de decisão. O importante é ter em mente que, se uma dessas chaves, uma somente, servir para aumentar seu horizonte de consciência e levar sua alma para além de si mesma, este livro terá cumprido seu papel, quer seja, poderá ajudá-lo na difícil arte de decidir. Por isso, não desista. Não serviu a primeira, não serviu a segunda, a terceira chave, siga em frente mesmo assim. Tenho certeza de que algo de muito bom está reservado também para você em algum ponto deste livro.

Capítulo I

O DESPERTAR

Chave 1: Desperte para o que há de melhor em você!

"Você nunca sabe que resultados virão da sua ação. Mas se não fizer nada, não existirão resultados."
Gandhi[1]

A arte de decidir trafega pelo erro e pelo acerto, pelo se posicionar a respeito de algo e isto é inerente ao processo decisório. A omissão é o silêncio, é a negligência da ação de decidir. Desde sempre decidi. Na minha vida jamais me vali da omissão. Quem sou eu? Sou Fabio Ruiz Cerqueira, advogado por formação e mestre em Direito. Sou brasileiro nato e de coração e atualmente vivo em Orlando, Estado da Flórida, nos Estados Unidos, com minha mulher, Maristela, e meus dois lindos filhos, Isabela, de 13 anos, e Rafael, de 8 anos. Como empresário fiz uma carreira de sucesso no Brasil. Como empreendedor tive a oportunidade de, ao lado de minha mulher, construir do nada uma empresa vencedora, uma empresa que se transformou em líder no segmento de serviços financeiros e, por duas vezes, figurou no Ranking das Empresas que mais cresceram

1 **Mohandas Karamchand Gandhi** (1869-1948), advogado, nacionalista, anticolonialista e especialista em ética política, decidiu liderar uma campanha para a independência de seu país, a Índia, do Reino Unido. A Índia era então considerada a mais importante colônia do Império Britânico. Gandhi inspirou vários movimentos pelos direitos e garantias civis e de liberdade em todo o mundo.

no Brasil pela Revista Exame PME, importante revista brasileira especializada em economia e negócios: 5º lugar na edição de 2012 e 1º lugar no ano seguinte. A empresa que fundamos, Maristela e eu, também obteve reconhecimento em diversos continentes – no ano de 2013, por exemplo, foi reconhecida pelo *MergerMarket.com*, na época uma empresa pertencente ao The Financial Times Group. Foi do complexo e intenso ambiente corporativo brasileiro que fui acumulando experiências que, com muito orgulho, pretendo compartilhar com você.

Digo orgulho porque sou mais um dos muitos brasileiros que literalmente saíram do nada e ganharam o mundo. Por isso, quero que conheça o Fabio criança, adolescente... Sou o terceiro filho de três irmãos. Quando nasci, meus irmãos já adentravam a adolescência – minha irmã Fátima, com 14, e meu irmão Ricardo, 13 anos. Meus pais, senhor Pedro e dona Aydê, eram pessoas humildes, sem nenhum grau de instrução, digo, ensino básico apenas. Meu modesto pai ganhava nosso sustento como corretor de imóveis. Minha mãe cuidava de casa e dos filhos. Crescemos sob uma educação austera. Antes de eu nascer, minha família morava em um porão localizado no Brás, tradicional bairro da cidade de São Paulo. Quando nasci, já em situação melhor, minha família morava no bairro do Tatuapé, também na metrópole paulistana. Mal entrei na adolescência, perdi minha mãe, vencida pelo câncer...

Sem a presença de minha mãe, Sr. Pedro, meu pai, se desdobrou nos cuidados da casa. Meus irmãos, já adultos, tocavam a vida, mas eu, ainda lidando com as contradições, inseguranças, ambiguidades e conflitos próprios da fase da adolescência, sofri enormemente o baque da perda. Não demorou muito e meu irmão Ricardo casou-se.

Apoiado pela mulher, Jurema, decidiu que eu moraria com eles. E me assumiram como filho, o primeiro filho, e a eles devo muito pelo homem e pai que me tornei!

Fui crescendo, amadurecendo na dor, embora consciente de que dependia apenas de mim sair do estado de letargia, característica dos indivíduos depressivos, ou seja, seria eu próprio, mais ninguém, a desarmar os gatilhos internos e externos da angústia que bem poderia ter consumido minha frágil vida de adolescente. Foi um lento processo. Minha transição para a fase adulta se deu mesmo aos trancos e barrancos de uma luta só minha, uma luta para superar a dor da perda da pessoa mais querida da minha vida. Aos poucos, fui conquistando muitas coisas que a maioria naquela mesma situação em que me encontrava sonha em conquistar. Estudei, me tornei professor universitário, construí uma empresa de sucesso, ganhei prestígio, respeito, conquistei minha independência financeira antes de completar quarenta anos e realizei o sonho de morar nos Estados Unidos.

Obviamente que durante um bom tempo a dor e a insegurança ficaram meio que de lado, quem sabe amortecidas não apenas pelas muitas responsabilidades que fui assumindo, mas pela minha ânsia de ser bem mais do que o Fabio-problema da infância e, especialmente, um Fabio digno do orgulho de dona Aydê. Tanto que já adulto, com carreira em ascensão, esses sentimentos voltaram com força, e eu enveredei pelos vales do isolamento, da tristeza profunda, da euforia momentânea, da depressão, vales bem mais aterrorizantes que os de minha infância... Desenvolvi ansiedade, irritabilidade, estresse... E não foi com menos esforço que consegui superá-los.

Mesmo com tantas provas de superação, mesmo com minha empresa indo de vento em popa, demorei um pouco a conhecer e a prestigiar o homem que eu me tornara – e não me refiro apenas ao executivo bem-sucedido. Eu, Fabio, não tinha consciência de que o que eu fizera de mim mesmo pudesse ter algum impacto positivo na vida de alguém. Sabe aquela sensação de "que bacana ter chegado até aqui! Mas, qualquer um, com um tantinho igual de esforço e conhecimento pode chegar também".

Por isso, era sempre uma surpresa ouvir dos amigos mais chegados que a minha experiência e conhecimento deveriam ser compartilhados; eram unânimes em dizer que eu deveria escrever um livro. Eu relutava em acreditar nisso, não porque duvidasse da sinceridade deles, mas porque não enxergava nada assim de espetacular na vida do garoto pobre que construiu uma empresa bem-sucedida e uma família exemplar. Na minha modesta visão, são dignos de compartilhar conhecimentos, experiências, os grandes intelectuais e aqueles dotados de sabedoria diferenciada aos quais, nem de longe, posso me equiparar.

O incentivo para que eu compartilhasse minha "saga" foi ganhando força à medida que eu multiplicava minha rede de contatos e conseguia perceber que minhas respostas tinham realmente efeito positivo na vida daqueles que, em momentos de angústia, decepção e desespero, buscavam os meus conselhos para, na maioria das vezes, ajudá-los na difícil arte de decidir. De verdade, nunca entendi como aquelas pessoas, notadamente inteligentes, me procuravam em busca de orientação, de conselho, de uma palavra. Refletindo nisso, a única conclusão a que cheguei é que, além de não lhes esconder minhas experiências, sempre procurei agir de maneira autêntica, verdadeira.

Talvez por isso tenha conseguido despertar naqueles que estavam ao meu lado admiração, confiança e respeito a ponto de se sentirem confortáveis em compartilhar suas dúvidas, suas preocupações. Acho que a grande chave para conquistar o coração das pessoas é ser exatamente quem você realmente é.

Paralelamente, como executivo, passei a ter trânsito livre entre grandes empresários, renomados juristas, personalidades da vida acadêmica, formadores de opinião, influenciadores digitais, atletas, artistas, etc. E, à medida que se fortalecia a relação com este especial rol de amigos e nossas intimidades e histórias iam sendo compartilhadas, virei uma espécie de conselheiro também para esse seleto grupo. Certa vez um dos meus mais próximos amigos, considerado um dos atletas mais importantes do mundo, uma referência dentro e fora dos gramados, me disse:

> *"Você sempre tem uma palavra certa para um momento difícil."*

Outro, executivo de uma multinacional de bebidas, pediu-me um conselho e, ao ouvir minha resposta, observou:

> *"Você diz coisas que não são compatíveis com a sua idade. Você não tem idade para ter um conhecimento desses. De onde vem a sua sabedoria?"*

Um dos mais bem-sucedidos jovens executivos da geração *Millenials*, mestre das mídias sociais, referência no Brasil e no exterior, que tive a honra e o prazer de orientar em algumas das decisões-chave de sua vida, ponderou:

> *"Meu irmão, sua sabedoria não pode ficar retida com você. Deus lhe deu um dom e é sua obrigação dividir isto tudo com as pessoas. Deus escolhe as pessoas de coração reto para dividir o conhecimento com os outros".*

Muitas conversas, muitos aconselhamentos... E o mesmo *feedback*: "Fabio, você precisa compartilhar suas experiências..."

O impulso decisivo para este livro, porém, veio do meu querido amigo Augusto Cury, psiquiatra, cientista e renomado escritor, publicado em mais de sessenta países e considerado o autor mais lido da última década. Anos atrás, após um jantar em minha residência em Orlando, saímos para caminhar um pouco pelo jardim. Augusto, conhecedor da minha história, me disse com toda firmeza da sua palavra:

> *"Fabio, você venceu desafios difíceis. A sua história é riquíssima e você precisa compartilhá-la. A humanidade precisa de ajuda."*

E o meu grande amigo, sincero por excelência, não estava se referindo às minhas conquistas, às minhas vitórias, aos meus reconhecimentos profissionais ou ao fato de eu ter sido um empreendedor bem-sucedido. Cury estava dizendo sobre os desertos que atravessei, sobre as muitas crises existenciais, sobre a luta vitoriosa contra a depressão e a ansiedade; estava se referindo à minha coragem de abrir mão de continuar a fazer fortuna, de obter mais sucesso ainda, em prol de um bem infinitamente maior: **minha família**. Estava se referindo à minha coragem de tomar decisões difíceis, daquelas que emparedam o indivíduo. Na visão deste mestre da literatura, as experiências verdadeiras e intensas devem ser compartilhadas com a humanidade. Em cada esquina sempre vai ter alguém à espera de uma palavra de incentivo, alguém ávido por uma história que o faça despertar para suas potencialidades, sempre vai haver alguém parado, como que em dúvida, em encruzilhadas semelhantes às minhas e que precisa encontrar saídas para decidir sobre que caminho seguir.

Por muito tempo refleti sobre o que ouvi do meu amigo e mestre e felizmente **despertei** para, agora, **compartilhar** esta história com você. Mais uma vez, Cury estava certo. Se lá atrás, ainda adolescente, alguém compartilhasse uma experiência parecida com a que eu pretendo contar aqui, uma experiência de dificuldade, de resiliência, de determinação, de liderança, de gana de vencer, de transformar e de construir, talvez, talvez, eu sofresse menos... Talvez eu percebesse bem mais cedo que barreiras intransponíveis são aquelas que nós mesmos construímos, muitas vezes pelo medo de errar ao decidir ou por evitar tomar uma decisão.

Aos poucos fui me dando conta de que, não apenas pelos meus amigos, mas também por mim mesmo, eu deveria escrever, pois, quando ganhamos do Mestre a dádiva de fazer algo diferente, de ser diferente, temos como que o dever moral de ajudar outras pessoas. Bem aquela parábola dos talentos: se herdei a capacidade de vencer minhas dores, por que não mostrar o caminho das pedras para os que se encontram em situações de dificuldade, de ansiedade, de insegurança ou de indecisão? Histórias verdadeiras, retiradas de experiências concretas, criam referências, imprimem autoridade a quem as conta justamente porque estão assentadas nas premissas da realidade. Se autênticas, servirão de incentivo e inspiração para que outros se lancem com mais coragem à aventura do desconhecido. Somos o resultado das nossas experiências! Por que enterrar o talento da superação, por que guardar tamanho tesouro, tamanha dádiva em caixinhas a quem apenas nós e os muito próximos podemos ter acesso? Experiências geram conhecimento, conhecimento nutre a sabedoria, e a sabedoria, por conseguinte, nos ajuda a decidir com mais serenidade.

O que faço aqui é tentar multiplicar o conhecimento com o qual o Mestre dos mestres, o Homem mais inteligente do mundo me presenteou. Claro que minha vida é diferente da sua, leitor, mas muitas experiências, dores, angústias e incertezas podem guardar semelhanças às suas. Mesmo não sendo a exata dor, a maneira como eu lidei com a minha pode servir para minimizar, atenuar os impactos do sofrimento que, pela condição humana, é comum a todos; e pode, de alguma maneira, ajudá-lo a decidir com mais segurança, mais tranquilidade, mais serenidade.

E, se você pensar bem, também a sua experiência de vida, com seus erros e acertos, com seus lutos e conquistas, pode ser um bálsamo na vida de alguém. Por isso, olhe para dentro de si mesmo. Tenho certeza de que também tem muita coisa de muito bom guardado aí dentro para compartilhar. Como eu, você também é um vencedor. Nenhuma experiência, por menor que seja, é vazia de importância. Nenhuma. Se autêntica, sincera, sempre gera um valor para você e para mais alguém. Já pensou em passá-la adiante?

Mesmo que pareça irrelevante para nós, cada minuto é uma experiência – nem sempre percebida – que, compartilhada, pode servir como exemplo. Compartilhar leva ao conhecimento. Quanta gente precisa de ajuda, quantos podem ser ajudados por uma palavra... Todas as histórias são vencedoras e inspiram a continuar. **Desperte** para o que há dentro de você. **Compartilhe**!

Capítulo II

A MORTE COMO RENASCIMENTO

Chave 2: Siga adiante!

"E enquanto caminhamos, devemos fazer a promessa de que sempre marcharemos adiante. Não podemos voltar atrás."
Martin Luther King Jr.[2]

Pais são para os filhos a grande, senão a maior, referência de vida. Infelizmente, a maioria não tem a mínima consciência disso. Em pleno ano de 2021, com carros elétricos rodando pelo mundo e um desenvolvimento tecnológico sem parâmetros na história, boa parte ainda não conseguiu entender a importância que tem na vida de uma criança. Nós, pais, somos o espelho, e os filhos, o reflexo de nossas condutas. Nossas atitudes, nosso comportamento com eles e diante deles marcarão os traços de sua personalidade para toda a vida. São as experiências que terão conosco que, mais tarde, formarão a base de memória e do pensamento como seres adultos. A criança é um enorme radar que capta e armazena todos os registros à sua volta.

Volta e meia alguém vem com essa de que "pai é pai, e mãe..." Ah, sim! Mãe é MÃE!

---

2 **Martin Luther King Jr.** (1929-1968) foi um pastor batista e ativista político estadunidense, que decidiu tomar para si a liderança do movimento dos direitos civis nos Estados Unidos em 1955. Teve grande inspiração em suas crenças cristãs e no ativismo não violento de Mahatma Gandhi.

Junho de 1987. Eu estava perto de completar treze anos. Passara o dia na casa do meu tio, na Vila Prudente, um bairro da Zona Leste de São Paulo. Embalado no sono da madrugada, de repente, vejo meu tio ao lado da cama: "Sua mãe acaba de falecer." Dona Aydê, minha mãe, tinha 48 anos de idade; não conseguiu vencer a luta de cinco anos contra um câncer de intestino. Não me lembro bem do que se passou na minha cabeça ao ouvir meu tio naquela hora – talvez um *gap*, uma espécie de labirinto escuro. Ainda sonolento, senti como se, de repente, algo tivesse me empurrado, me encurralado a um canto escuro e me desafiado a andar, a recomeçar a vida dali. Fiquei paralisado, sem chão, sem rumo.

Dos dias que se seguiram à morte de minha mãe não me lembro muito bem. Não me recordo nada do tamanho da falta que eu sentia dela no dia a dia. Com certeza era imensa, mas, talvez por algum mecanismo de defesa, isso ficou perdido em minhas poucas lembranças. Minha memória remota me traz alguns pequenos flashes de como era minha mãe, de suas feições. Era simplesmente linda. Disso me lembro muito bem. Filha de espanhóis, tinha cabelos loiros e olhos azuis da cor do céu; branquinha de pele e com uma brandura constante no rosto. Sempre quando me lembro de sua face serena, mesmo passadas mais de três décadas de sua morte, não seguro as lágrimas; escorrem sem o menor constrangimento onde quer que eu me encontre. Caçula, eu sabia ser muito amado por ela, e muito apegado também, mais que a meu pai. Foram poucos anos de convivência, mas até hoje as parcas lembranças dos momentos que passamos juntos ainda mexem intensamente comigo.

É engraçado que sempre me vem à mente o empenho de minha mãe para que eu fosse um bom aluno. Eu estava muito longe disso.

Era uma criança agitada, levada, e dava muito trabalho na escola. Sim, estudar exigia de mim um esforço que, naquele momento da vida, eu não estava nada disposto a fazer. Muitas vezes eu ouvia dos adultos "este aí não vai dar certo, não tem futuro bom". Tirava notas vermelhas, fugia da escola para jogar futebol com os amigos e coisas do tipo. Minha mãe... Como ela devia sofrer nas reuniões com os professores! Somente ao perdê-la é que me dei conta de que a única maneira de deixá-la orgulhosa, feliz, se comigo ela estivesse, seria me tornar o aluno dos sonhos dela. Então, a despeito da dor, da insegurança e da tristeza, redobrei os esforços, e, não sem sacrifício, estudar deixou de ser um tormento. Decidi me tornar um garoto diferente.

Apesar de ainda muito jovem, tive uma compreensão muito grande sobre a morte dela. Não me revoltei, acredite. Pelo contrário, agradeci ao Mestre por tê-la em suas mãos porque sabia que ela estava cansada de sofrer anos e anos no tratamento daquela doença. Senti a perda da minha companheira, da minha referência, da minha estrela, mas tinha plena consciência de que querê-la ao meu lado naquelas terríveis condições seria muito egoísmo da minha parte. A todos nós chegará o tempo, o fim. Temos de ter consciência disto! Qual dor seria maior? Perder alguém querido ou vê-lo agonizar em sofrimento num quarto de hospital? Mesmo com a pancada da perda, este foi o meu questionamento comigo mesmo, quando ouvi meu tio naquela noite.

Se pensarmos bem, sofremos demais pela morte de um ente querido porque, no fundo, temos um pouco de egoísmo de querer mantê-lo ao nosso lado a vida inteira se possível. Muitas vezes temos um parente doente, moribundo na cama; vamos até ele para uma visita, nos solidarizamos com sua dor, e depois saímos para os nossos compromissos, voltamos às nossas responsabilidades, ao que nos prende, seja por que motivo for, à vida. Não é errado, não é uma crítica, mas é assim! E, enquanto estamos vivendo o nosso dia a dia, ele, o parente, continua ali, preso, amarrado à enfermidade. A gente sabe, tem consciência plena disso, mas nosso egoísmo faz com que continuemos a querê-lo vivo para desfrutarmos da sua companhia por mais tempo, trinta ou quarenta minutos de vez em quando – muitas vezes nem isso.

"Aqueles que andam retamente entrarão na paz; acharão descanso na morte." Isaías 57:2

É claro que existem as mortes repentinas, trágicas, inesperadas e que podem causar traumas e dores profundas naqueles que ficam para experimentar a ausência do ente querido. É bem provável que perdas imprevistas gerem muito mais inconformismo do que a morte praticamente anunciada dos que estão contando os últimos dias, os últimos minutos nos leitos dos hospitais lutando contra males invencíveis. A morte esperada, se assim é que podemos dizer, tende a amenizar nosso sofrimento se comparado à morte inesperada. Mas, morte é morte e, independentemente de sua natureza, produz sofrimento nos que ficam. Seja uma ou outra, o fato é que não podemos nos entregar. É difícil vencer o vazio da ausência, da saudade e da lacuna que jamais voltará a ser preenchida! Mas devemos **decidir seguir adiante**.

"(...) Resistam-lhe, permanecendo firmes na fé, sabendo que os irmãos que vocês têm em todo mundo estão passando pelos mesmos sofrimentos. O Deus de toda geração, que os

> *chamou para a sua glória eterna em Cristo Jesus, depois de terem sofrido por pouco tempo, os restaurará, os confirmará, os fortalecerá e os porá sobre firmes alicerces."*
> *1 Pedro 5:8-10*

Para seguir adiante é preciso buscar conforto em Deus. Para ter esse conforto, a vida precisa fazer sentido. E o sentido da vida é justamente Ele, o Homem mais inteligente da história. Aliás, Ele está presente nestas páginas a despeito de eu saber que a maior parte das pessoas vive a vida sem se preocupar muito com questões de ordem religiosa, talvez por parecerem exageradamente filosóficas e/ou alheias ao seu cotidiano, distante de suas preocupações primeiras, primárias. Muitas pessoas só prestam atenção nessas questões quando confrontadas por um problema que lhes foge à compreensão, ao controle, seja uma doença, a morte de alguém muito próximo... Não foi esse o meu caso. De alguma maneira, fui impelido a acreditar que podia contar com Ele naquele momento...

Mesmo criança e ciente de que nunca mais voltaria a ter o aconchego da minha mãe, decidi ver cessado o seu sofrimento a vê-la agonizando com os tratamentos de quimioterapia. Sempre atento às conversas dos adultos em tudo o que se referia ao estado de saúde dela, eu sabia que, naquele estágio, esses tratamentos de nada mais valiam. Decidi guardá-la no meu coração com todas as boas lembranças que a minha memória de menino permitisse reter. Mesmo que à custa de muita dor, abandonei o egoísmo de querê-la por perto em troca de vê-la libertada da dor.

Além desse lampejo de lucidez – que pode soar incompreensível porque captado sob a perspectiva de uma criança e em um momento de luto intenso –, a morte de minha mãe fez ainda mais por mim. Eu disse há pouco que uma de suas maiores decepções comigo era justamente o fato de eu ser relapso com minhas obrigações da escola. Assim, ao perdê-la, decidi que, dali em diante, seria um garoto diferente, e os meus estudos seriam prioridade. O trauma da morte da minha mãe me trouxe luz à razão, me fez enxergar que eu precisava superar a morte dela e decidi, então, não me entregar. Eu **seguiria adiante**. E assim eu fiz, com apenas doze anos de idade. Segurei nas mãos de Deus e implorei para que Ele jamais largasse as minhas. Seria Ele a me guiar pelas veredas da vida, como minha mãe certamente faria.

Eu sabia que teria de fazer a minha parte, claro, vencer a preguiça, vencer a vontade de cabular aulas para encontrar os amigos no futebol... A partir de então, radicalizei. Deu certo! Passei de aluno sofrível a aluno exemplar, de conduta irrepreensível e de notas máximas. Tornei-me referência na classe. Cheguei, inclusive, a representar a escola pública em que eu estudava com uma redação na Bienal do Livro em São Paulo, importante evento literário brasileiro. Não me lembro bem do tema; lembro-me, sim, de que isso jogou minha autoconfiança lá em cima. Minha mudança não foi fogo de palha, de maneira alguma. Foi um caminho sem volta. Persistiu por todo o meu percurso acadêmico. Da graduação à pós-graduação e ao mestrado, sempre procurei ser um aluno acima da média. Ali, ainda garoto, tomei a decisão de ser e de estar sempre acima dessa média.

A morte da minha amada mãe não me fez desistir da vida; pelo contrário, me incentivou a construir uma trajetória vencedora, uma trajetória que, na minha cabeça de menino, a fizesse ter orgulho de mim. Ensinou-me a decidir seguir adiante. O que eu não sabia naquele momento é que seria eu o maior beneficiado com essa mudança toda, pois, muito cedo, estava assumindo por decisão própria o protagonismo da minha vida, me revestindo de uma profunda autoridade intelectual e moral sobre mim mesmo, uma autoridade que faria toda a diferença no futuro que me aguardava.

Por isso, digo: ao invés de se lamentar, erga a cabeça, **levante-se**. Como aconteceu comigo, a perda de alguém muito querido, muito próximo, pode significar o **renascimento** de uma nova pessoa em você. A morte encerra a vida terrena dos que se foram, não a vida dos que aqui ainda, pelos insondáveis desígnios do Mestre dos mestres, têm alguma jornada a cumprir, algum papel a desempenhar. Qualquer que seja a circunstância, decida seguir adiante!

> *"Os nossos sofrimentos atuais não podem ser comparados com a glória que em nós será revelada." Romanos 8:18*

Agora, se você não crê em nada, meu amigo, posso afirmar sem medo de errar: você terá dificuldades em aceitar a inexorabilidade da morte, e fatalmente vai se desesperar em algum momento. Falo por experiência: se, ao invés de agarrar na certeza da presença e onipotência do Rei dos reis e buscar nele ajuda, compreensão e força para **decidir** seguir em frente, eu tivesse mergulhado na dor, qual teria sido o resultado da morte da minha mãe na minha vida? Teria me lançado às drogas? Teria desistido de tudo e virado um bandido? Teria buscado conforto nas más companhias? Muito provavelmente sim, afinal, estas são oportunidades que nunca faltam desde sempre. E, com certeza – e é este um dos argumentos mais fortes para este livro –, sem decidir seguir adiante, eu não teria tido a chance de construir uma trajetória incrível que compartilho aqui. Se eu tivesse desistido ao perder minha mãe, se não tivesse me esforçado para melhorar naquilo que ela sabia ser o melhor para mim, não teria tido a oportunidade de extrair o máximo de mim e, então, aproveitar toda a glória que ainda estava por vir.

Por tudo isso, meu caro leitor, sofra a dor, mas não permita que ela tome a frente de sua vida, que seja dona do seu destino, ou que interfira negativamente no seu processo de decisão. Esta oportunidade lhe foi dada por alguém maior, alguém que nos apresenta as dificuldades, mas também as condições para vencê-las, e está sempre de prontidão para nos ajudar a superá-las. Primeiro, confie *n'Ele*; depois, faça da dor um motivo de agradecimento a Ele porque é uma oportunidade para a sua renovação interior e, com certeza, para algo muito melhor. Nunca desista, siga, descubra as armas que você tem consigo e lute!

Por experiência, portanto, digo a você que sempre é possível vencer as dores e os traumas da vida, principalmente se tivermos um objetivo, por pequeno que seja. Aquela máxima das grandes empresas de que crises, dificuldades, geram oportunidades para encerrarmos um ciclo velho e iniciarmos um novo vale em primeiro lugar para a vida. Vá atrás do novo, do desconhecido, e não se apegue ao luto. Independentemente de sua religião, de suas crenças, busque na Palavra do Mestre dos mestres o conforto e o entendimento para vencer os efeitos da morte de alguém muito querido. Só assim terá motivos, terá forças para **decidir seguir adiante!**

Capítulo III

EXTRAIR O MELHOR DAS OPORTUNIDADES

Chave 3: O impossível cabe a você realizar.

"A coragem é a primeira das qualidades humanas porque garante todas as outras".

Aristóteles[3]

Aristóteles podia falar com propriedade sobre coragem. Foi corajoso ao decidir questionar seu mestre Platão, um dos mais importantes pensadores da humanidade; teve a coragem de questionar, de se contrapor, e sustentar teorias impossíveis de serem assimiladas à época. Coragem, a meu ver, é sinônimo de confiança, de bravura, de aptidão para assumir os riscos de uma decisão. Mudar exige coragem. É preciso coragem para realizar o impossível. Se lhe derem uma faca para cortar uma árvore, simplesmente o faça. Trabalhe com o que tiver em mãos e retire disso o melhor possível. Tenha esperança de um amanhã melhor do que hoje – e, se isso implicar mudança radical no seu modo de vida, mude.

3 **Aristóteles** (384-322 a.C.) foi um filósofo do período clássico na Grécia antiga. Entrou para a Academia Platônica aos dezoito anos de idade. Logo se destacou como um dos melhores alunos e foi nomeado para dar cursos na Academia. Muito jovem, se torna o dominador da ciência da retórica; começa a investigar as causas da persuasividade e formula a ciência da Retórica como uma verdadeira Psicologia da Comunicação. Corajoso, decidiu se contrapor ao grande Platão, de quem foi um dos mais brilhantes alunos. Também foi professor de Alexandre, o Grande.

Gosto de citar uma lição do também filósofo e escritor francês Jean Guitton: “Cave onde você está”. O que entendo do que ele diz é que o princípio número um para uma ‘virada de mesa’ ou para fazer com que alguma coisa dê certo é ser capaz de perceber que é possível fazer mais e melhor a partir da realidade em que se está, a partir da própria vida, por mais modesta, humilde e até humilhante que ela seja. Não vejo problema em repetir o jargão: é fazer do limão uma limonada!

Estudei até o terceiro colegial em escola pública. Meus pais nunca tiveram condições de pagar um colégio particular. Sabe aquela ideia de que “aquela escola” não presta, e “aquela escola pública”, menos ainda? Pois é, tenho minhas ressalvas a respeito disso. Prefiro acreditar que o fracasso estudantil está muito mais atrelado ao desinteresse do aluno em aprender do que propriamente na infraestrutura e/ou na precariedade da escola. Claro que as condições da escola e dos professores importam, mas, a meu ver, o determinante mesmo é a vontade do aluno em querer ser alguém na vida. Já vi muita gente estudando em escola particular, cujos pais pagaram uma fortuna, e que não chegou a lugar algum na vida acadêmica por nunca ter dado valor ao conhecimento e/ou ao esforço dos pais. Como professor universitário, vi alunos humildes se tornarem profissionais requisitados pelas melhores empresas, e ‘filhinhos de papai’ não chegarem a lugar algum porque escolheram passar a vida acadêmica com a barriga encostada no bar da esquina, bebendo e se divertindo com os amigos. Uns decidiram aproveitar cada segundo do seu tempo na universidade; outros, usufruir das distrações ao redor. O que vale é a determinação e o desejo de decidir ser alguém. Ainda não me convenceram do contrário.

Na minha organização tive mais de quatrocentos estagiários e menores aprendizes trabalhando simultaneamente em diversas áreas e posso assegurar com propriedade que os melhores profissionais que formamos foram aqueles de origem mais humilde. E olhe que formamos muitos! Portanto, ter uma condição financeira desprivilegiada, como a maioria dos brasileiros tem, não é nenhum impeditivo para vencer, pelo contrário, pode servir como combustível, como motivação para se decidir chegar a algum lugar; essas pessoas são mais propensas a dar o seu máximo para poder melhorar de vida. O fator necessidade é primordial para decidir vencer. Necessidades nos motivam a conquistar o que não temos. Se já temos estabilidade, ficamos propensos a perder o interesse por novos desafios, e a entrar no que alguns chamam de zona de conforto. Eu prefiro chamar de comodidade. O estado de necessidade, na maioria das vezes, impulsiona a vontade de vencer!

> *"Porque sou eu que conheço os planos que tenho para vocês, diz o Senhor, planos de fazê-los prosperar e não de causar dano, planos de dar a vocês a esperança e um futuro."*
> *Jeremias 29:11*

Como eu disse, meu pai não podia pagar meus estudos em um colégio particular. Aos quinze anos, fui estudar à noite em uma escola pública para poder trabalhar durante o dia e me sustentar. A maioria dos meus colegas de sala era de baixa renda, muitos usavam drogas, estavam desinteressados pelo sucesso, desmotivados pela vida. Eu tinha duas opções: juntar-me a eles ou seguir o caminho dos estudos para tentar obter uma oportunidade diferente do que a maioria ali vislumbrava. Eu tinha **foco**, queria ir longe e não me deixei contaminar pelo ambiente ao redor. Por isso, sou meio reticente quando escuto algumas pessoas se justificarem que lhes faltaram oportunidades na vida porque não tiveram condições financeiras para fazer acontecer. O impossível cabe a cada um realizar. Nunca ninguém vai decidir sua vida por você!

E foi aos quinze anos que consegui meu primeiro emprego: office-boy no setor financeiro de uma empresa do ramo de mineração, no centro da cidade de São Paulo. Jornada pesada: das 8h às 17h30, com uma hora para o almoço. Terminado o trabalho, embarcava em um metrô lotado rumo à Zona Leste da cidade, onde ficava o colégio. Chegava a casa faltando meia hora para meia-noite. Jantava, tomava banho e, muitas vezes, ainda pegava cadernos e livros para me preparar para as provas do dia seguinte. E assim segui. Fui um bom profissional – de office-boy fui promovido a assistente financeiro – e um bom aluno, sempre com notas altas e ótimo aproveitamento. Se o que eu dispunha era de uma pequena faca para cortar a árvore e fazer a lenha, beleza, eu faria a lenha, afinal, o inverno sempre chega.

Ainda bem jovem, ouvi de um orientador espiritual: *"Atire a sua flecha em direção ao sol com todas as suas forças. Você pode nunca chegar lá (alcançar o sol), mas o treino e a persistência o levarão o mais perto possível do seu alvo."*

Esta é uma realidade! O nosso empenho, o nosso sacrifício, a nossa **persistência**, a nossa esperança em um amanhã melhor é que nos farão chegar lá. Quer ser diferente, então decida agir diferente dos que estão à sua volta. Faça algo mais do que a média-padrão das pessoas consegue fazer. Eu também costumava repetir aos meus alunos e funcionários: **não percam a esperança!** A esperança nos faz crer que o amanhã será melhor do que o hoje e, assim, renovamos a motivação para seguir adiante e decidir em favor das perspectivas positivas, mesmo que à custa de grandes sacrifícios.

Sempre fui um cara de batalhas difíceis e com dezenas de motivos para desistir. Não sou o único, na verdade, a passar por mais intempéries que dias luminosos, ensolarados. Todos nós temos mais razões para desistir do que para continuar. A diferença é que, quem mantém acesa a chama da esperança em alguma coisa consegue mais facilmente ir deixando os dias difíceis para trás, clareando as ideias para um processo decisório mais assertivo. Ao perder a esperança, perde-se tudo. Ainda que haja muitas dificuldades, um pingo que seja de esperança é o suficiente para não deixar a chama apagar. Se não se mantiver viva a convicção de que há um elemento que, de uma hora para outra, pode virar o jogo, não se consegue seguir adiante. Acima de tudo, meu leitor, esperança!

> *"O que é nascido de Deus vence o mundo; e esta é a vitória que vence o mundo: a nossa fé." João 5:4*

Estas são lições que passo desde sempre aos meus filhos, que têm uma condição muito diferente da que eu tive na idade deles. Estudam em uma das melhores escolas privadas da Flórida. A estrutura é um sonho! Dou a eles a melhor condição possível, mas exijo entrega. Não aceito falta de empenho ou desleixo por parte deles. Conversamos constantemente a respeito do privilégio que é estudar numa escola destas... Mesmo nos Estados Unidos, são poucos os americanos com condições de colocar os filhos para estudarem lá. Relembro aos meus filhos de onde vim, onde estudei e como foi minha vida quando criança. Quando vou ao Brasil, faço questão de passarmos em frente à escola onde estudei até os meus 17 anos para que vejam a precariedade do local em comparação ao que eles têm à disposição hoje.

Como tenho condições, não posso negar aos meus filhos a oportunidade de um ensino superior ao que eu tive, mas exijo que deem valor ao que lhes está sendo oferecido. Já disse aos dois, Isabela e Rafael, que o maior legado que posso deixar a eles não é o dinheiro, mas a educação. O meu investimento neles não será em carros, casas ou outros supérfluos. Se desejarem bens materiais que os busquem, que sintam o gosto, o prazer da conquista pelos próprios méritos.

Então, meu caro leitor, não é sua condição social que o fará chegar a algum lugar, que o tornará melhor do que alguém ou que vai lhe proporcionar uma oportunidade melhor do que a do outro. O que o levará a chegar lá – e a vibrar com a conquista – é o seu **interesse**, o seu **foco**, a sua **determinação** no transcorrer do percurso. Quanto mais convicto nesses três elementos, mais firme, consistente e consciente serão suas decisões diante das adversidades da vida. É viver em constante estado de alerta para não se desviar do caminho e poder extrair o melhor das circunstâncias. Lembre-se, **o impossível cabe a nós realizar**. São estas palavras que tenho ensinado aos meus filhos.

> *"Ensine-as com persistência aos teus filhos. Converse sobre elas quando estiver sentado em casa, quando estiver andando pelo caminho, quando se deitar e quando se levantar."*
> *Deuteronômio 6:7*

Evidentemente que se Rafael e Isabela assumirem o compromisso de combinar as oportunidades e condições diferenciadas que oferecemos a eles com uma incrível vontade de fazer acontecer e de realizar algo diferente e extrair o melhor das oportunidades, aí, sim, terão em mãos a fórmula perfeita para o sucesso. Obviamente que o que Maristela e eu tentamos incutir neles vai muito além do saber intelectual, do gosto pelo conhecimento. O que eles absorvem em casa passa, antes, por valores morais e princípios éticos, passa pela convivência harmoniosa em família e pelo exemplo de pais que procuramos ser. Não tenho dúvida alguma de que todos esses elementos combinados tornarão você, leitor, uma pessoa mais decidida e mais convicta de que **o impossível cabe a você mesmo realizar**.

Capítulo IV

RELAÇÃO A DOIS

Chave 4: Coloque-se no lugar do outro.

"Aquele que tiver paciência terá o que deseja".

Benjamin Franklin[4]

Impossível uma decisão assertiva sem a devida reflexão. Refletir é ponderar as circunstâncias, pesar prós e contras e seus efeitos práticos na ordem das coisas. Refletir implica, ainda, colocar-se no lugar do outro para tentar perceber como ele enxerga ou percebe as coisas do exato ponto em que está. Falei há pouco sobre como Maristela e eu procuramos legar a nossos filhos, principalmente pelo exemplo, os valores de família, os valores cristãos, base para crescerem aptos a igualmente desenvolverem relacionamentos saudáveis.

Mas, como administrar um ambiente familiar, por si só cheio de conflitos, parte inevitável da convivência entre pessoas, com suas diferenças de ideias, de expectativas, um ambiente naturalmente marcado por discussões das mais diversas, por dificuldades pessoais, não raro, econômicas, por problemas internos e externos, problemas

4 **Benjamin Franklin** foi um dos líderes da Revolução Americana. Fez grandes descobertas sobre a eletricidade, sobretudo ao identificar as cargas positiva e negativa, o que lhe rendeu reputação internacional. Também descobriu que os raios eram um fenômeno de natureza elétrica. No campo político, foi emissário dos Estados Unidos na França, em 1776, onde desempenhou importante papel no cenário mundial. Quando retornou aos EUA, em 1785, dedicou-se à abolição da escravatura.

sobre os quais nem sempre temos o mínimo controle? Qual a fórmula para uma família feliz, para um casamento perfeito? Quem a tem? Quem já não ouviu por aí que o casamento é uma instituição falida, coisa do século passado, fora de moda? Sabe aquela máxima 'repita uma mentira mil vezes e você vai acabar acreditando nela'? Digo isso porque, para mim, Fabio, o casamento foi a chave do sucesso! Conheci Maristela no primeiro ano de faculdade. Começamos a namorar no segundo ano. Somando os dez anos de namoro, estamos juntos há 27 anos.

Estudamos juntos, trabalhamos juntos e juntos construímos nosso grupo empresarial e nossa família. Fazemos tudo juntos. E o mais curioso é que somos pessoas completamente diferentes. Homens e mulheres, por natureza, já são seres bem distintos. Eu e a Maristela sempre fomos o positivo e o negativo, o preto e o branco, o sol e a lua. Ela é uma mulher forte, inteligente e extremamente perspicaz. Sempre debatemos em alto nível, com ponderações relevantes e bem colocadas, mas divergimos na maioria das vezes. E não tenho nenhuma dúvida de que são as divergências que nos conduziram até aqui.

Vida de casado não é fácil para ninguém. Não há quem tenha a fórmula perfeita. Homens e mulheres se sentam em cadeiras diferentes e, portanto, observam a vida de ângulos diferentes. Por isso, o processo de decisão de um casal na maioria das vezes tende a ser conflituoso. Muitos são os que passam a vida toda tentando mudar o parceiro porque querem que ele se molde ao seu jeito de pensar e de observar as coisas. E é justamente aí que são geradas as desavenças. O homem não tem a sensibilidade de mover a sua cadeira e trocar de lugar com a mulher para tentar entender o que a levou a uma determinada atitude – e vice-versa. E, depois que descasar ficou fácil e virou moda, é muito melhor se separar do que buscar uma fórmula para compatibilizar as diferenças. Por isso, **coloque-se no lugar do outro**. Certamente você verá as coisas sob um prisma diferente e terá uma compreensão mais abrangente que o usual. E isso certamente levará ambos a um processo de decisão menos conflituoso.

Se considerarmos que a vida a dois já é difícil para um casal que trabalha fora, cada qual com o seu emprego e horário, numa rotina regular das 8 da manhã às 5 da tarde, ou seja, passam apenas cinco ou seis horas do dia juntos – e na maioria desse tempo administrando conflitos – agora imagine estudar, trabalhar e conviver com o companheiro quase 22 horas por dia? Pois é... Maristela e eu passamos todo esse tempo juntos – e bem! E tudo o que temos conquistamos juntos, lado a lado, 22 horas do dia. Sempre trabalhamos para nosso crescimento mútuo, tanto emocional e financeiro, quanto espiritual.

"Assim, eles já não são dois, mas sim uma só carne. Portanto, o que Deus uniu ninguém separe." Mateus 19:6

Quando começamos a namorar escutávamos frases do tipo: "Como vocês conseguem estudar juntos e namorar"? "Vocês se veem todo dia? Como assim?". Quando começamos a trabalhar como sócios, insistiam: "Como conseguem?" "Como aguentam passar o dia todo juntos?". Realmente, o 'viver junto' ou ao lado de alguém não é simples. **Na relação a dois**, é preciso bem mais do que amor. É preciso compreensão, respeito, cumplicidade e muita, muita admiração um pelo outro!

Ao contrário do que todo mundo tem como certo – ou seja, que é horrível estudar e trabalhar junto da companheira – para mim e para Maristela, isso foi exatamente a fórmula do 'juntar a fome com a vontade de comer'. Nossa parceria incondicional em tudo na vida foi e continua sendo nosso gás, nossa energia. Lembro-me bem de quando tínhamos a empresa no Brasil: nos muitos momentos de fraqueza, de desgaste, principalmente emocional, estávamos um ao lado do outro. Se um caía, lá estava o outro de prontidão para o suporte incondicional. Falávamos a mesma língua, porque a dor de um era plenamente compreendida e absorvida pelo outro. Vivíamos os mesmos dilemas profissionais e dividíamos as mesmas alegrias pelas conquistas. Continua assim na vida!

Desde o começo de nossa sociedade, firmada algum tempo depois de iniciarmos o namoro, sempre conversamos muito a respeito desse companheirismo indispensável para nossa relação seguir adiante. Com o passar do tempo foi se tornando claro para os dois que, como sócios, se não tivéssemos a exata compreensão da vida de um e de outro no ambiente corporativo e do trabalho, certamente não nos manteríamos juntos como família. Quando eu chegava do trabalho beirando a meia-noite, Maristela compreendia as razões que me levaram a ficar na empresa até aquele horário. A companhia também era dela, portanto, ela sabia da necessidade de eu estar lá até aquele horário. Consciente disso, nenhum dos dois teria de lidar com o estresse extra de uma explicação, de uma discussão infundada.

Muitos casais que hoje vêm até nós compartilhar suas angústias costumam revelar um traço em comum: os conflitos advêm, na maioria das vezes, porque os objetivos de cada um estão voltados para lados opostos, não ao crescimento mútuo. Por isso, tomam decisões que privilegiam o interesse individual, em detrimento do interesse do casal. Embora ambos estejam focados no crescimento, no sucesso, por exemplo, profissional, o olhar é individualizado, voltado para o próprio umbigo, para a própria carreira... Um não vibra com a conquista do outro, não existe cumplicidade na hora de dividir as dificuldades, de um ouvir o outro, ou de decidir juntos. Em muitos casos, chegam até a se tornar competitivos, passa a rolar entre marido e mulher uma disputa quase sempre danosa para a vida em comum. Esses casais, muitas vezes sem se dar conta, optaram por trilhar por caminhos solitários, por estradas paralelas que, de um momento para o outro, tendem a tomar distância uma da outra. Se você, homem ou mulher, não for capaz de um nível de identificação, primeiro, da personalidade, mais que das necessidades, de seu parceiro, dificilmente construirá com ele algo que transcenda a mera união de corpos, algo que torne a relação de vocês digna de ser vivida.

Sempre existe a possibilidade de um se destacar na carreira, ganhar mais dinheiro, mais notoriedade ou reconhecimento que o outro. Até porque cada um é o arquiteto da própria história. Não deveria haver qualquer problema nisso. O nó da questão é que o parceiro que se destaca mais profissionalmente que o outro muitas vezes acaba ignorando que muito do seu sucesso pode estar – quase sempre está – atrelado direta ou indiretamente a quem está ali ao seu lado. Conheci casais em que o homem ou a mulher em ascensão na carreira e, consequentemente, financeira, acabou se distanciando do companheiro. Esse sucesso, ao invés de fortalecer a união, acabou enfraquecendo a relação, ao invés de unir, os separou. O sentido de cumplicidade se corrói quando o egoísmo entra em cena, quando prevalece o "eu" sobre o nós, quando os propósitos comuns são vencidos pelos propósitos individuais. Você já deve ter ouvido por aí que casais inteligentes progridem juntos, enriquecem juntos, dividem os méritos da conquista, permanecem juntos! Isso não é papo para vender livros! É a pura realidade! Casais inteligentes decidem juntos!

Em qualquer relação conjugal é natural que haja um desgaste com o passar dos anos, independentemente do tempo que passam juntos no dia a dia. O segredo está em identificar esse desgaste e ambos trabalharem duro para amenizá-lo, contorná-lo. Não vou posar aqui como casal perfeito! Claro que o fato de eu e a Maristela termos convivido simultaneamente como sócios e casados desgastou nossa relação em muitos momentos. No entanto, predominaram sempre o amor e o respeito de um pelo outro em todos os contratempos.

Não foi tão fácil assim. Nossos embates eram calorosos, difíceis, estressantes. Costumo dizer que discutir com minha esposa é tarefa delicada. No par ou ímpar, para Maristela, dois é par e três também. Também não me engano sobre o que ela acha de mim. Estou convicto de que a recíproca é verdadeira. Na visão dela, o turrão sou eu, e vice-versa. Além da teimosia própria de cada um, ambos temos discernimento, somos empreendedores de sucesso, temos personalidade forte e opiniões bem definidas, portanto, uma tomada de decisão não poderia se dar em terreno plano, sem acidentes. A sorte é que o fiel da balança tem sido sempre o sentimento de respeito e admiração um pelo outro. Tenho de admitir que, durante muito tempo, foi de Maristela o mérito de não deixar nossa relação degringolar de vez. Ela segurou as pontas; assumiu o papel dela e o meu para que nosso casamento não sucumbisse às inúmeras intempéries.

Com opiniões quase sempre divergentes e personalidades fortes, tínhamos igual poder de decisão na empresa. Erramos centenas de vezes, principalmente porque transferíamos problemas do trabalho para a relação pessoal; misturávamos as estações. Em muitos momentos, vivemos o caos. Passamos muito tempo nos digladiando na empresa até o momento em que, com a companhia mais estruturada, instituímos um conselho com os nossos diretores para balancear nossas decisões. Não era mais a minha opinião ou a opinião de Maristela a prevalecer, mas a de um colegiado. Isto nos ajudou bastante a equilibrar as divergências e a minimizar os efeitos desagradáveis das discussões mais acaloradas. Amenizou, inclusive, o estresse natural da convivência doméstica. Levou algum tempo para aprendermos também a balancear mais as coisas, a dar o devido peso e importância aos infortúnios, contrariedades e dificuldades pessoais.

Há pouco falei da importância de um casal saber conviver com as diferenças um do outro. E é nesse particular que eu devo muito à minha esposa, tenho que reconhecer o quanto ela se superou quando era eu, nos tempos de empresa, a desafiar a balança. Estou certo de que Maristela sempre foi mais compreensível comigo do que eu com ela. Sempre tive um comportamento explosivo (e talvez por isso nunca tenha sofrido um infarto). Meu sangue espanhol sempre falou mais alto. Comigo era assim. Eu não segurava a raiva, a emoção; punha tudo para fora, saísse como fosse. Maristela, muito ao contrário, sempre mantinha a calma. Acontecesse o que fosse, nunca perdia a serenidade. Eu não. Chutava o balde sem mais nem menos. Com o passar do tempo e o crescimento da companhia, meu nível de estresse explodiu. Eu trabalhava muito, não comia adequadamente, era sedentário e dormia mal. Com o passar dos anos me tornei um barril de pólvora; e Maristela sempre ali, absorvendo toda aquela carga negativa, toda aquela tensão. Não demorou e eu me tornei uma pessoa altamente descontrolada.

O que estou dizendo pode surpreender muita gente, afinal, aparentemente, sempre fui visto como um *gentleman*. Puro engodo. Eu era uma pessoa instável e com grau de irritabilidade extremo. E ela, minha querida esposa, suportou esse gênio do cão sem me abandonar. Sabe aquilo que eu disse que os casais precisam se compreender? Pois é, Maristela foi além disso! Passou anos sentada sobre um barril de pólvora! Eu até conseguia enxergar isso, mas meu estado de desgaste emocional era tanto que não consegui abandonar as vestes da minha ignorância. Eu sabia que estava errado, mas me deixei levar pela pressão, pelo estresse e pela ansiedade.

Maristela foi firme, fiel... Decidiu não desistir de mim. Seguiu à risca a máxima *"na alegria e na tristeza"*. Num exercício diário, perdoava, tolerava meus rompantes, meus atos irracionais, minhas atitudes impensadas e descontroladas. A hostilidade e a minha irritabilidade natural tornavam quase irrespirável o ar dentro e fora da companhia. Diferentemente da maioria das pessoas em semelhante dilema que não consegue enxergar e acha que errado é sempre o outro, eu, Fabio, tinha plena consciência dos meus erros. Tanto era consciente o meu movimento insano que meu desejo de vender a empresa era maior do que o de Maristela. De alguma forma, eu já sabia que eu teria de sair da empresa para vencer meu estado de agressividade, de ansiedade em que me encontrava. A única forma de vencer o que estava me matando era parar, resetar tudo e recomeçar. Se continuasse ali, não seria possível esse processo de transformação pelo qual eu passei depois – um processo sem hora para acabar, porque a mudança para melhor será sempre requisito para seguirmos nos aperfeiçoando na vida. A minha decisão foi mudar!

Assim, quando surgiu a oportunidade de vender a empresa, eu não titubeei. E aí entra novamente a virtude da humildade: decidir render-se à limitação e admitir a incapacidade para interromper um processo autodestrutivo – e destrutivo também para aqueles que nós amamos – mesmo que isso lhe traga prestígio, dinheiro, fama. Eu construí até onde podia. Continuar dali para frente seria insistir em algo que já não fazia sentido para mim; mais que isso, insistir poderia trazer danos incalculáveis para os que eu mais amava. Ainda mais à frente terei tempo de contar a você, leitor, que vender a empresa era uma questão de sobrevivência para mim.

> *"O amor é paciente, o amor é bondoso. Não inveja, não se vangloria, não se orgulha. Não maltrata, não procura seus interesses, não se ira facilmente, não guarda rancor. O amor não se alegra com a injustiça, mas se alegra com a verdade. Tudo sofre, tudo crê, tudo espera, tudo suporta." 1 Coríntios 13:4-7*

Por tudo o que minha mulher passou, nosso amor se fortaleceu. Maristela é e sempre será o amor da minha vida, a companheira com quem quero continuar a dividir as conquistas, alegrias e tristezas. Hoje, sete anos após a venda da companhia, digo com muita alegria que venci a irracionalidade e esse alto grau de irritabilidade, apesar de ter a consciência de que ainda falta muito para eu melhorar. Decidi buscar na oração e na Palavra do Homem mais inteligente da humanidade os fundamentos para restabelecer meu equilíbrio e voltar a ser aquele Fabio que fui antes de me tornar um empresário frio e quase sem alma. Há momentos, evidentemente, que os nervos afloram e aí vem a impulsividade das palavras mal colocadas, porém incomparavelmente mais brandas do que antes.

Tudo na vida leva um tempo e cada indivíduo tem o seu. Demorei um tempo para entender que, ao me desligar totalmente do mundo corporativo, a vida era outra. Maristela soube esperar o meu tempo, a minha tomada de consciência; esperou pacientemente até eu decidir parar, olhar para dentro de mim e enxergar o que havia de errado comigo; teve paciência para que eu fosse aos poucos modificando hábitos do passado. Impressionante como eu precisei me acostumar com os momentos de calmaria, precisei aprender a respirar antes de qualquer atitude, antes de falar, antes de decidir; precisei até de parar para contemplar as coisas belas da vida! Quanta coisa eu perdera! Foi realmente difícil limpar a minha mente do barulho e do estado conturbado a que ela havia se acostumado. Sobre esse processo de restauração de minha essência, pretendo falar ainda neste livro. O importante aqui é mostrar como minha mulher soube esperar que eu recuperasse tanta coisa que perdera!

Portanto, meu amigo, não é o casamento que é uma instituição falida. É o ser humano que está falido em valores – deixou de praticar a tolerância, alimentou o egoísmo e perdeu a capacidade – e a vontade – de compreender o outro. Na primeira, na segunda dificuldade, abandona o barco. Trocar de parceiros virou hábito. Nós nos esquecemos de que o novo também fica velho. O que é novidade também cai em desuso. Sem tolerância, sem compreensão, sem cumplicidade, quando o calor da paixão for embora – não se iluda, ele sempre vai –, o hábito de não tolerar o relacionamento com o primeiro parceiro vai prevalecer em todos os vindouros. Ou seja, se não praticarmos a tolerância e a compreensão com o parceiro, continuaremos a não praticá-las com os próximos a estabelecermos uma relação. Os erros vão se repetir como um círculo vicioso a que todos os que optam por viver na superficialidade das relações estão sujeitos. Às vezes escuto alguém dizer que está no terceiro, quarto casamento. O relacionamento dura até a paixão acabar. Continuarão assim nessa dinâmica de busca pueril, de encontros e desencontros até os noventa, cem anos.

Como exercícios de tolerância e de respeito, sugiro que, de vez em quando, você troque de lugar com o parceiro e veja como ele sente e percebe as coisas de onde ele normalmente está. Isso os ajudará a tomar decisões mais sensatas. Converse mais! O diálogo é sempre a melhor maneira de dissolver angústias, descontentamentos. Fale das suas frustrações, ouça as frustrações do outro. Não tenha medo! Respire fundo se você e/ou o companheiro estiverem mais alterados. Nunca é oportuno forçar uma discussão em momento conturbado. Deixe a poeira baixar. Quando as pessoas estão nervosas ou demonstram certo descontrole, dificilmente terão capacidade de ouvir e/ou assimilar o erro que podem estar cometendo. Persevere e seja tolerante com seu companheiro. Certamente, assim, terá relacionamentos mais leves e duradouros. **Coloque-se no lugar do outro.** Engrandeça sua relação a dois, busquem juntos a felicidade, e juntos chegarão mais longe do que ousam imaginar.

Capítulo V

O CONTROLE NÃO ESTÁ EM SUAS MÃOS

Chave 5: Não lamente, aceite.

"Somos insignificantes. Por mais que você programe a sua vida, a qualquer momento tudo pode mudar."
Ayrton Senna[5]

Passei mais tempo da minha vida dentro da minha empresa, por isso ela foi uma grande escola. As mais valiosas lições que aprendi ali não foram as decorrentes da minha liderança como presidente ou sócio. Claro que cresci muito como profissional, como administrador, mas foi das pessoas e das circunstâncias que extraí as grandes lições. Aprendi sobre relacionamento interpessoal, sobre gestão de conflitos, sobre solidão, sobre tomar decisões difíceis, sobre dar mais valor às qualidades do que aos defeitos dos outros, aprendi a respeitar e a exigir respeito, a admirar mais do que ser admirado, a falar menos e a ouvir mais. Aprendi a controvérsia sobre dividir para, no futuro, somar. Aprendi sobre vitórias, sobre derrotas, sobre compromisso e sobre lealdade. Meu grande erro foi ter a certeza de

5 **Ayrton Senna da Silva** (1960-1994) foi um dos maiores ídolos do esporte automobilístico mundial. Como piloto de Fórmula 1, sagrou-se campeão três vezes: em 1988, 1990 e 1991. No dia 1º de maio de 1994, na sétima volta do circuito de Ímola, na Itália, no Grande Prêmio de San Marino, o carro de Senna, voando a 300 km/h, chocou-se contra o muro de proteção na curva Tamburello, provocando sua morte. (*Fonte*: eBiografia.com)

que tinha tudo sob meu controle. Eu tinha certeza de que controlava o tempo de execução e o tempo de as coisas acontecerem. Eu tinha certeza de que controlava a minha vida plenamente.

Minha natureza é ousada, inquieta e insatisfeita e sempre fui um executivo altamente exigente e perfeccionista. Se algo tem que ser feito, que façamos o melhor no menor tempo possível. Tudo devia acontecer no meu tempo e da forma que eu entendia que tinha de ser. E, incrível, realmente acontecia. Eu tinha uma estrutura enorme ao meu dispor e um time de primeiríssima linha, com alta capacidade de execução. Tive o privilégio de estar rodeado de pessoas inteligentes. E assim o relógio andava: no meu tempo.

Quando me desliguei da empresa saí de lá com esta mentalidade: eu faço, eu aconteço; nada é pra depois; é "pra agora". Os anos foram se passando e gradativamente fui enfrentando algumas dificuldades pessoais que, primeiro, colocaram esta minha convicção à prova e, depois, derrubaram por completo esta minha ideia equivocada de que temos total controle sobre tudo. O fato é que **não controlamos nada**, absolutamente nada! Tomamos decisões, mas seus efeitos não estão em nossas mãos. Tudo acontece de acordo com o curso da vida, e esta é regida pelos desígnios do Grande Mestre. O que tiver de acontecer acontecerá independentemente da nossa vontade, e o inverso também é verdadeiro. É claro que a tomada de decisão deve vir amparada no processo claro, equilibrado, mas é preciso ter consciência de que ainda assim não é possível controlar e/ou prever seus efeitos.

Humanos como somos, à medida que as coisas ocorrem, aparentemente, pelo menos, em sintonia com o que planejamos, cresce igualmente nossa crença de que, sim, é factível o controle da nossa vida e das circunstâncias. Grande erro! Na verdade, mais que uma ilusão, um pecado, o da soberba, associado ao orgulho excessivo, à arrogância e à vaidade. E, mal acostumados, se algo não sair como planejado ou no tempo que desejamos, crescem a frustração, a revolta, a indignação. Mas a natureza é sábia, e **Deus, o Senhor do nosso destino**! Se não aprendemos de um jeito, a vida vai nos surrar, vai nos ensinar da pior maneira possível, até que fique claro: **n**ão controlamos nada! Para tudo há um tempo, e, seguramente, não é o nosso tempo, é o tempo predeterminado pela vontade do Soberano.

> *"Em seu coração o homem planeja o seu caminho, mas o Senhor determina os seus passos." Provérbios 16:9*

Ele está no controle e a sua natureza e sabedoria determinam o melhor tempo, o melhor momento, a melhor maneira de acontecer, enfim, o melhor para cada um de nós. E se não acontecer é porque aquilo que julgávamos como bom de acontecer, na verdade, não o seria; ao contrário, poderia nos causar outros problemas completamente fora do nosso planejamento ou fora do campo de compreensão. Quando digo que a vida nos surra, falo por experiência própria. Demorei a entender que para tudo há um tempo e, seguramente, não é o meu. Muitas coisas planejei, desejei, marquei um prazo para que se concretizassem. Muitas delas, embora minuciosamente planejadas, firmadas em um rigoroso processo de decisão, portanto, aparentemente sem chances de dar errado, simplesmente não aconteceram no meu tempo ou deixaram de acontecer. Fiquei triste, desapontado, indignado até. Em muitos casos, só percebi muito bem com o passar dos anos o quanto foi melhor não terem acontecido. E agradeci pelo fato de a minha expectativa não se ter completado, ou eu teria enfrentado muitos reveses, muitas adversidades que lá atrás estavam fora do meu campo de visão e conhecimento.

> *"Esta é a confiança que temos ao nos aproximarmos de Deus: se pedirmos alguma coisa de acordo com a vontade de Deus, Ele nos ouvirá". 1 João 5:14*

Hoje não lamento perdas, sejam elas de qualquer natureza. Se algum amigo, sempre presente, de mim se afasta, seja pelas circunstâncias, seja por decisão, é porque era o melhor a acontecer. Ao perder um negócio, deixar de fechar um contrato, não me desespero, não me entristeço. Estou seguro de que algo melhor está por vir. Aliás, já dizia Shakespeare: "Chorar sobre as desgraças passadas é a maneira mais segura de atrair outras."

Então, meu amigo, diminua a ansiedade, deixe a vida seguir seu curso. Viva o hoje, não o amanhã. Não tente fazer do amanhã **o hoje**, pois o dia do amanhã por si só trará suas próprias preocupações. Acredite que ele tem o melhor. O hoje é hoje, o agora é o agora e o amanhã a Deus pertence! Aprendi que o que "dá errado" é o que realmente faz as coisas darem certo no futuro. Por isso, **não lamente, aceite**! Isso não quer dizer, no entanto, que planejar uma vida melhor, empreender, trabalhar, fazer o impossível para que as coisas deem certo não seja algo por fazer. Não se acomode. Sonhe, planeje e lute para que se realizem seus melhores sonhos. O segredo está em colocar sempre seus projetos nas mãos do Grande Conselheiro. Coloque-O à frente dos seus melhores planos, mas...

...Mas faça sua parte!

Capítulo VI

O SER EMPREENDEDOR

Chave 6: Transforme, faça, aconteça, realize!

"O homem enérgico e que é bem-sucedido é o que consegue transformar em realidades as fantasias do desejo."
Sigmund Freud[6]

Decididamente, ser empreendedor não é para qualquer um. Inúmeros empresários que começaram do nada já nos deram provas sobejas de que, muito mais do que perspicácia e desejo de vencer na vida, são indispensáveis **foco, disciplina, determinação, paciência e persistência, muita persistência**! O segredo está também em enxergar oportunidades onde ninguém as vê, apostar no intangível, acreditar no que todos desacreditam ou não dão a devida importância. Empreender não é fazer algo pelo dinheiro ou apenas para ganhar muito dinheiro. Empreender é levantar todos os dias imbuído do firme propósito de **transformar, fazer, acontecer, realizar**. Ser empreendedor é saber decidir ser livre no pensamento, nas ideias, nos ideais.

Nunca tive o sonho de ser um milionário, muito menos o de ser um grande empresário, grande no sentido econômico, de realizar por

6 **Sigmund Freud** (1856-1939) foi um médico neurologista e importante psicanalista austríaco. Muito cedo se interessou pelo estudo das enfermidades mentais, bem como pelos métodos utilizados em seu tratamento. Foi considerado o pai da psicanálise, que influiu consideravelmente na Psicologia Social contemporânea. (*Fonte*: eBiografia.com)

realizar, fazer fortuna... Nunca, nunca trabalhei por dinheiro ou para ficar rico. O que me movia era o meu propósito, era a possibilidade de sair do "lugar-comum", de "estruturar" algo que fosse capaz de provocar uma atmosfera propícia ao desenvolvimento das pessoas, sobretudo transformar realidades, a começar, obviamente, pela minha. E consegui.

> *"Quem ama o dinheiro jamais terá o suficiente; quem ama as riquezas jamais ficará satisfeito com os seus rendimentos." Eclesiastes 5:10*

Ter certeza de que se quer construir algo assim é o primeiro requisito para trilhar um caminho auspicioso, alvissareiro, mas que tem elementos, sobretudo, desafiadores que o farão longo e certamente acidentado, com altos e baixos. É preciso saber **aceitar riscos**, confiar na própria **capacidade de tomar decisões difíceis**, muitas vezes impregnadas de ambiguidades, **ter iniciativa, ser otimista, não desistir, aproveitar as oportunidades que surgem à frente, fazer diferente, criar algo novo**, visualizar e construir um futuro muitas vezes aquém do horizonte da maioria dos que conhecemos. Foi com essa capacidade de percepção que Maristela e eu fizemos nosso propósito literalmente acontecer.

Nosso primeiro contrato de trabalho no segmento de recuperação de crédito foi com uma importante instituição financeira – e no modelo de remuneração conhecido como *success fee*, ou seja, receberíamos apenas sobre os casos em que tivéssemos êxito; e, mais, os custos envolvidos na operação de cobrança junto aos inadimplentes seriam cem por cento nossos. Em suma, iríamos desenvolver um trabalho de recuperação de crédito para um banco cujos clientes eram considerados "perdidos", pois já se encontravam em débito com a instituição havia dez, quinze, vinte anos ou mais, ou seja, eram clientes impossíveis até mesmo de serem localizados.

Antes de nos ser apresentado o desafio, soubemos que muitas empresas ou mesmo profissionais liberais como nós tiveram a mesma oportunidade de encarar o trabalho e a desprezaram. Obviamente que não entramos cegamente nesse jogo; sabíamos das incontáveis dificuldades, e cônscios da inegável desvantagem. A diferença é que confiávamos em nossa capacidade de fazer, de realizar e de transformar. Sabíamos que poderíamos fazer diferente, criar uma metodologia nova para trabalhar no que foi considerado por muitos como perdido, inviável, impossível. O que para uns era nada, para nós se configurou como a oportunidade da nossa vida: batalhar para vencer a tarefa ao ponto de construir um parâmetro diferente para o mercado de recuperação de crédito. Ambos em início de carreira, sem um tostão no bolso, sem qualquer possibilidade de investir ou de contratar pessoas para trabalharem conosco, sem a mínima infraestrutura para atender um cliente daquele porte, Maristela e eu enxergamos ali a grande chance de realizar um bom trabalho, de **roer o osso** e, mais à frente, conseguir uma oportunidade melhor. Arregaçamos as mangas, sem pestanejar. Decidimos subir, como dizem, não pelo elevador social, mas pelo elevador de serviço!

Entregamos o nosso melhor em tudo. Trabalhamos duro, **nos empenhamos**, **nos organizamos** e, por consequência, os resultados logo começaram a pipocar aqui e ali. Um a um, de pouco em pouco, fomos localizando os devedores e estabelecendo critérios razoáveis de negociação para um acordo entre eles e o banco credor. O tempo foi passando, fomos nos especializando cada vez mais no segmento;

construímos do nada um banco de dados como poucos, aprimoramos os processos internos e montamos uma rede de automação e inteligência de sistema de busca e localização. Fizemos *network*, conhecemos pessoas influentes e com credibilidade, que passaram a nos ajudar nesse processo de construção. Com cinco anos de existência, estávamos com oitenta funcionários; com sete, já eram mais de duzentos. Ainda tínhamos um longo caminho a percorrer até chegar aos quatro mil empregados, mas era o caminho certo.

Pelo dito até aqui, você deve estar pensando que tudo se desenrolou na mais perfeita normalidade, sem entreveros, sem estresse. Engano... Por isso, aqui vale uma pausa para dizer que os primeiros anos de empresa foram absurdamente dolorosos. Quando pulamos os parágrafos da vida na escrita de um livro, não significa dizer que aquele período de dificuldade inexistiu; não significa dizer que saímos de dois para quatro mil funcionários somente plantando, regando e colhendo flores. Bem ao contrário disso. Muito suor, sofrimento, dificuldades e bem mais motivos para desistir do que para continuar. Isso mesmo! **Sempre tivemos muito mais razões para desistir do que para seguir em frente.** Mas é fato que, depois dos grandes apuros, os obstáculos que surgem nos afiguram – ou realmente ficam – menores. Sempre decidimos seguir adiante.

> *"E não nos cansemos de fazer o bem, pois no tempo próprio colheremos, se não desanimarmos." Gálatas 6:9*

Boa parte das atribulações se deveu a fatores notadamente conjunturais próprios de um país que, a despeito de ser realmente um oásis de oportunidades, afinal, tudo há para ser feito, é considerado um dos mais hostis do mundo para os negócios. Com regulações restritivas de ordem trabalhista, baixíssimo índice de produtividade dos trabalhadores, um dos mais altos níveis de carga tributária do mundo, complexa regulação de impostos e taxas de (e para) mais diferentes fins, burocracia insana, instabilidade política, corrupção, entre diversos outros fatores, o Brasil é de longe um dos piores lugares do mundo para empreender.

Digo sem receio de errar que poucos países no mundo têm um ambiente institucional, de negócios, tão pouco amistoso quanto o Brasil. Não obstante, dados do Governo Federal indicavam, em 2019, o surgimento de cerca de seiscentos mil empreendimentos por ano. Naquele ano, cálculos apontavam haver mais de um milhão e meio de microempreendedores em território nacional. Por outro lado, sabe-se também que cerca de 30% das empresas não sobrevivem ao primeiro ano de atividade. Esta proporção é ainda maior após cinco anos de existência, quando 60% dos empreendedores não conseguem superar as barreiras e seguir adiante na consolidação, na concretização do seu sonho.

Já dá para se ter uma ideia de que vencer no Brasil não é regra, é exceção. É um fato incontestável! Por esse motivo, tomo a liberdade de, aqui, recorrer a uma passagem de Goethe, em que Mephistopheles, o eterno adversário do Ser, diz: *"Eu sou o espírito que nega e com razão, porque tudo o que vem a ser merece perecer, miseravelmente. Melhor seria nada começar!"* Arrisco apontar esta passagem do poema Fausto como uma metáfora ao ambiente brasileiro igualmente trágico, hostil e, por isso, como historicamente reage em relação aos que ousam ser algo além do que realmente são.

Portanto, conseguir que nossa empresa ultrapassasse a barreira dos cinco anos de existência foi muito complexo para mim e minha esposa Maristela, ambos tão jovens. Exigiu de nós muito esforço, dedicação, persistência e criatividade, para assegurar uma gestão apurada, cuidadosa, dos gastos. Toda empresa, assim como, acredito, boa parte dos homens, empreendedores ou não, atravessam os seus desertos. Todos nós passamos por provações, por obstáculos que às vezes parecem intransponíveis. O deserto é seco, árido; quente durante o dia e frio durante a noite. Não há comida, não há sombra, não há refresco. Esta costuma ser a vida do empreendedor brasileiro em início de carreira, digo, quando consegue ir além dos fatídicos cinco/sete anos apontados nos cálculos de mortalidade: isolada e solitária. A má notícia é que os obstáculos não passam rapidamente; a boa é que passam, sempre passam.

O que poucos enxergam é que deserto é onde somos colocados à prova. A Bíblia nos mostra isso. Deserto é lugar de escassez, é lugar de confrontos, mas é lugar de possibilidades e de encontro com a transcendência. Toda provação, quando vencida, superada, deixa marcas e gera bons frutos. Saímos dessas fases difíceis da vida mais preparados, mais maduros, mais conscientes da nossa capacidade de superação, mais calejados. Sofremos muito com essas fases, mas aprendemos demais com elas. As dificuldades são vistas como ruins apenas para aqueles que não conseguem extrair delas o proveito necessário para continuar. Elas, no fundo, mudam nossas atitudes, nossa forma de pensar e de agir, mesmo que disso não nos demos conta tão imediatamente.

> *"Feliz é o homem que persevera na provação, porque depois de aprovado receberá a coroa da vida, que Deus prometeu aos que o amam."*
> *Tiago 1:12*

Perdi a conta de quantas vezes voltei para casa e, na solidão do banho, sentei-me no chão para misturar as minhas lágrimas às águas que caíam do chuveiro. Perdi o número de vezes que olhei para o horizonte e, com a esperança desfalecendo, não enxergava alternativas para sair das dificuldades em que a empresa se encontrava, para pagar o décimo terceiro salário dos funcionários, enfim, para continuar honrando os compromissos da companhia.

Mas, é assim mesmo. O empreendedor é um ser de natureza estranha. Só ele consegue enxergar as oportunidades. Ele vive uma vida solitária porque não consegue fazer com que alguém enxergue o que só os seus olhos são capazes de ver e a sua percepção alcançar. As decisões pesam, a solidão pesa, as dúvidas sobre a continuidade são constantes e normalmente não há ninguém ao lado capaz de compreendê-las. A maioria tende a levar uma vida solitária e dolorosa – solitária porque os momentos de angústia e as lágrimas têm que dar lugar, no momento seguinte, ao sorriso, à esperança, para que não transpareça para a sua equipe que você está fraquejando, esmorecendo diante das dificuldades; e dolorosa porque, para o empreendedor, cada dia é um recomeço. Os problemas começam de novo e de novo, e a busca pela solução deve ser constante, perene. Se o líder cai, caem com ele também os seus seguidores. Se ele deixa de acreditar, tudo ao seu redor desmorona.

Muitas dificuldades coroaram minha jornada como empreendedor e, por isso mesmo, engrandeceram-na. Admito que, em muitas vezes, por muito pouco eu não arrefeci, não me deixei aniquilar. Sim, foram muitas as razões para desistir, pouquíssimas para continuar. O que me mantinha de pé? Na época, penso, era minha gana, minha insistência em vencer mesmo. Hoje, mais vivido, creio que uma conjunção de fatores me arremessou para frente. As dificuldades, como disse, existem para nos tornar mais fortes, mais conscientes, mais preparados. E assim os anos foram se sucedendo. Fui sempre acreditando num amanhã melhor, persistindo, valorizando cada dia de aprendizado, transformando-me e me adaptando às necessidades e às exigências do momento. E se adaptar é fundamental para conseguir tomar decisões com mais probabilidade de acerto.

Pouco a pouco, os desafios da lida prática dos negócios foram ficando para trás. **E é na crise, nas dificuldades, que se sobressaem os verdadeiros empreendedores**. É onde se distinguem os que se imaginam empreendedores (os que desistem) e os genuínos empreendedores (os que persistem). Eu era só um advogado, sem nenhuma experiência em gestão, em finanças, em marketing e em recursos humanos. De maneira autodidata tive de me adaptar, aprender, me desenvolver e buscar conhecimentos dos mais diversos. Mais do que preciso, era fundamental me preparar para a realidade que ainda estava por vir. Por isso, meu conselho para quem quer se tornar um ser empreendedor, então, é este: Decida transformar, decida fazer, decida realizar!

Capítulo VII

O DESAFIO DO CRESCIMENTO

Chave 7: Avance sem medo.

"Não deixe o ruído das opiniões dos outros abafar a sua própria voz interior."
Steve Jobs[7]

Não há ninguém neste mundo que pode definir os rumos de sua vida a não ser você mesmo. Esta decisão está unicamente em suas mãos. Há em você uma voz única que lhe traz convicções que só você consegue ouvir. Há *feelings* no seu íntimo que só você mesmo consegue sentir. Há ventos que sopram numa direção que só você consegue perceber. Nem nos meus mais ingentes esforços imaginei chegar aonde cheguei. Com orgulho, eu via a empresa se consolidando, crescendo, empregando, prosperando. De oitenta funcionários passamos a duzentos em menos de dois anos. Era um deleite! Tínhamos uma empresa não tão grande, não tão pequena, ajustada, equilibrada, plenamente controlável, gostosa de gerir, de movimentar e, sim, dando os primeiros bons e grandes frutos.

---

7 **Steven Paul Jobs** (1955-2011), inventor e empresário americano do setor de tecnologia, é cofundador da Apple, que revolucionou a comunicação, o marketing e a história. Sua biografia autorizada o descreve como "um empresário extremamente inventivo, de personalidade forte e polêmica, cuja paixão pela perfeição e cuja energia indomável revolucionaram seis grandes indústrias: a computação pessoal, o cinema de animação, a música, a telefonia celular, a computação em *tablet* e a edição digital."

Foi nesta fase que começamos a ganhar um bom dinheiro. O lucro nos satisfazia e mais que cobria nossas necessidades. Era plenamente suficiente! Não precisávamos mais do que aquilo. Grandes clientes, bons resultados... Ainda era possível conhecer todos os funcionários, chamar cada um pelo nome, ainda era possível reunir todos numa festa de final de ano, ainda era possível certa proximidade...

Certa vez, conversando com um amigo, CEO de uma concorrente, sobre este momento bacana de minha empresa, ouvi dele:

"Não se iluda. Não há como parar. Não existe limite para aqueles que são competentes. Empresas competentes não param, crescem."

Aquilo me intrigou. Voltei para casa cheio de dúvidas: Até onde vamos? Será que não conseguiremos limitar o crescimento da empresa? Temos a prerrogativa, no mundo corporativo, de escolher nosso tamanho? É sustentável crescer muito? Quanto tempo a empresa resistirá no tamanho que está?

Evidentemente eu não tinha as respostas. Considerava de bom tamanho uma empresa com duzentos funcionários; com quinhentos, já era muito! Com mil, então, um absurdo! Mas o tempo, *como bom senhor da razão,* me levou a concluir não ser possível impedir o crescimento! **Crescer não era uma opção**, era uma obrigação quase que automática. Se você está no mercado de serviços, como era o nosso caso, e sua entrega é boa, todos querem trabalhar com você. Pelo desempenho, pela qualidade, todos o querem como prestador de serviços. Se faz um bom produto, todos o querem e automaticamente você terá de aumentar a produção, o que demandará novas máquinas, mais funcionários, nova estrutura. Se vende hambúrgueres e eles são excepcionais, todos vão querer o seu hambúrguer; há que se ampliar a sua lanchonete, quiçá, expandir-se em rede.

Basicamente é isso o que distingue o empreendedor do empresário. O espírito empreendedor **ousa, faz crescer, diversifica, amplia, conquista**. O empreendedor não tem medo de decidir avançar no seu mercado ou mesmo em outros mercados. Para ele, o céu é o limite. O empresário fica sentado a vida inteira sobre o negócio, mantém o que está funcionando, não arrisca, se acomoda, ganha dinheiro e considera isso suficiente, até o negócio morrer por si e/ou ser atacado por um concorrente de visão empreendedora de fato.

Eu sabia que nascera para empreender. E, naquele momento, percebi, já havia realizado essa minha vocação, porém, que não havia por que parar por ali, e em conversas com minha sócia decidimos manter a empresa em expansão. Mudar, adequar a estrutura, portanto, era imprescindível. Nessa busca por adaptação da estrutura para o crescimento que estava por vir *(como disse, mais por circunstâncias de mercado do que propriamente por insistência nossa)*, algo me motivou a dar um passo que até então eu não tinha me dado conta: alinhar o *business* da empresa, o nosso *"how to"* não apenas às necessidades e oportunidades que o mercado se nos apresentava. Poderíamos fazer bem mais também no sentido de transformar e impactar muito além das pessoas que estavam trabalhando conosco. Era indispensável que, se a decisão seria por manter o ritmo de crescimento, teríamos de focar em contribuir para o desenvolvimento social também do que estava bem ali à nossa volta.

Tenho de admitir que a conjuntura mostrou-se favorável. Diante do improvável, do inusitado, o melhor aconteceu. Encontrei um prédio antigo praticamente abandonado. O aluguel estava barato, mas o prédio, uma verdadeira lástima. Levei Maristela para visitar o espaço; ela ficou chocada. Enquanto, assustada, olhava o telhado parcialmente destruído e morcegos aboletados por todo canto, eu, sem conter o entusiasmo, disse, convicto: "**Vamos transformar este lugar**!" O que eu não previ ali era que "este lugar" a ser transformado era muito mais do que aquelas paredes, do que aquele espaço tomado por morcegos e sujeira. Era o poder das palavras, a determinação e a providência divina agindo ali. Disso não duvido.

Maristela embarcou no meu projeto. Investimos na recuperação do prédio o pouco que tínhamos de reserva. Deixamos apenas uma parte do prédio pronta para operar. Estávamos com duzentos funcionários e aptos para dobrar a capacidade. Como contrapartida, os clientes confiaram que algo diferente nasceria dali. Muito provavelmente perceberam que, enquanto a concorrência acomodara-se, nosso grupo buscava oferecer a melhor infraestrutura, preparando-se para atender à sua demanda. Não era difícil perceber nosso diferencial em serviços, produtividade, gestão, pessoas... Administrávamos carteiras iguais às dos concorrentes, com um *headcount* (número de cabeças) 30% inferior ao deles, ou seja, tínhamos uma equipe em número adequado, altamente produtiva, de mais desempenho e mais qualidade. Paralelamente, reinvestíamos pesado em tecnologia, infraestrutura e inteligência e em formação de pessoas. Não parávamos de nos atualizar e de implantar novidades na operação. Éramos uma empresa moderna! E quanto mais ela crescia, mais organizada e estruturada se tornava. Tínhamos esta visão: não valeria a pena crescer por crescer. Lembre-se, **nunca foi só pelo dinheiro**. A meta seria fortalecer o negócio, absorver pessoas qualificadas, formar as que participavam do nosso crescimento, desenvolver para um estágio mais avançado as que já estavam conosco há algum tempo e, assim, impactar a sociedade ao redor.

Não dobramos o número de funcionários, como prevíamos na mudança para aquele prédio reconstruído... Nós o triplicamos. E, por incrível que pareça, crescemos tanto que também o quadro de seiscentas pessoas ficou rapidamente pequeno. Tivemos de expandir mais e mais. Passamos a mil e duzentos funcionários, e gradativamente chegamos, incrivelmente, a quatro mil colaboradores.

Como disse há pouco, não foi apenas a empresa a prosperar. Em pouco tempo tornou-se visível que o bairro onde a companhia estava também se desenvolvia. Quando nos mudamos para aquele prédio praticamente abandonado, o comércio local era bem modesto, restrito. Havia apenas um pequeno restaurante na região, apenas uma linha de ônibus nas adjacências da empresa... O nosso crescimento impulsionou a região. Linhas de ônibus foram alteradas, ampliaram os seus itinerários para poder transportar nossos funcionários; surgiram diversos pequenos restaurantes, copiadoras de documentos, novas lojas de serviços. O comércio, formal e informal, se desenvolveu. Até uma grande operadora de telefonia levou ao bairro a fibra ótica para ampliar sua atuação.

Vencemos, crescemos, transformamos a vida das pessoas também da região, gerando oportunidades, impactamos positivamente tudo o que estava ao redor da empresa. Geramos quatro mil empregos diretos, e muitos fornecedores pegaram carona em nossa expansão. Não me é possível mensurar quantos outros empregos indiretos foram criados a partir da existência e do desenvolvimento da empresa. Especialistas dizem que para cada emprego direto são gerados outros três indiretamente. Não tenho certeza deste dado, mas o certo é que impactamos muitas pessoas e isto, realmente, é o que fez tudo ter valido a pena.

Outra vantagem do crescimento de uma empresa é que você deixa de correr atrás de clientes e de funcionários qualificados. Todos querem trabalhar com você. Passamos a ser desejados por clientes e por profissionais. A empresa tornou-se referência em seu segmento, vista como bacana, leve, que respeitava seus colaboradores, oferecia-lhes boa remuneração, participação nos resultados, ambiente moderno, gestão moderna e possibilidades de carreira. Selecionávamos cerca de trezentas pessoas por mês, para suprir a necessidade do crescimento e para cobrir as perdas do *turn over*, seguramente um dos mais baixos em nosso segmento. Internamente o desafio do crescimento foi olhado com muito critério por todos do time. O crescimento não nos assustava, pelo contrário, era fator de motivação. Sabíamos exatamente para onde estávamos indo. Tínhamos organização, planejamento financeiro, estratégico e operacional e um time altamente engajado, comprometido.

Como dito há pouco, apostávamos na estratégia de formar em casa os profissionais de base operacional. Criamos um projeto próprio de Desenvolvimento de Liderança, um específico para Primeiro Emprego de Jovens e um terceiro de Inclusão de Profissionais com Mobilidades Reduzidas. Constituímos um prédio separado das operações, voltado ao treinamento e qualificação de profissionais. Para os níveis executivos, ou seja, mais próximos à diretoria, trouxemos profissionais do mercado com experiência e conhecimento no nosso *business*. Nos cargos de nível médio de gestão, gerência, coordenação e supervisão, os ocupantes eram, na maioria, prata da casa.

Quando escutei do meu amigo CEO, anos antes, que o crescimento não era uma opção, que aconteceria de forma automática, tentei preparar a companhia para todas as fases que estavam por vir. Se era mesmo verdade que um bom serviço, prestado com desempenho e qualidade, atrairia novos clientes, era líquido e certo que iríamos crescer. Confiamos em nossa competência, em nossa maneira de fazer e de gerir, então, não havia o que temer. Devíamos nos preparar, ano a ano, para a expansão.

> *"Confia em mim um coração puro, ó Deus, e renova dentro de mim um espírito estável. Não me expulses da tua presença nem tires de mim o teu Santo Espírito. Devolve-me a alegria da tua salvação e sustenta-me com um espírito pronto a obedecer." Salmos 51:10-12*

É sempre muito importante para o empreendedor escutar os conselhos dos mais experientes para ajudá-lo no processo de decisão. Sempre cultivei essa norma. O empreendedor é movido pelo instinto e pela força motivacional que ele naturalmente carrega. Se esses elementos forem combinados com a experiência, a expertise de bons profissionais ao redor, a fórmula estará completa e dificilmente dará errado. Isso requer, acima de tudo, humildade. Independentemente do patamar em que você está na sua carreira, nunca se esqueça de suas limitações. Sempre haverá alguém com mais experiência que você, dentro e fora do seu *métier*, e você poderá valer-se dela como mais um elemento a pesar no seu processo de decisão. Mas nunca, em qualquer circunstância, abandone a voz do coração. Por mais preciosas que sejam, opiniões alheias devem servir como fatores de ponderação. Ao final, a decisão – com todos os seus méritos e riscos –, deve ser sua!

Assim, quando crescer se tornou imperioso para nossa empresa, passamos a organizar e estruturar todas as áreas com o que de melhor podíamos encontrar no mercado em matéria de profissionais, afinal, se cercada por um bom número deles, a companhia ganharia musculatura. Aqui, eu tive de aprender a dosar a intensa vontade profissional de fazer acontecer com a humildade pessoal. Sempre fui um profissional com alto perfil de execução e autonomia. Estas continuam sendo minhas características mais marcantes. Dificilmente deixo algo para depois. Se for para fazer, que seja feito o quanto antes. **Missão dada, missão cumprida**. Sendo assim, eu me envolvia diretamente em tudo, na operação, nos resultados, nas campanhas motivacionais, em TI, no RH, em planejamento estratégico, enfim, em todas as áreas. Onde precisasse, lá estava o Fabio a postos, observando, ouvindo, dando palpites, conjecturando e, na maioria das vezes, decidindo, dando a palavra final, batendo o martelo.

Até que um dia, em uma reunião de diretoria, após finalizarmos os debates e apresentações e todos se dispersarem, um dos meus diretores me chamou a um canto. Ele disse a mim, taxativo: *"Você está ocupando o lugar errado na companhia, Fabio"*.

Eu não entendi: *"Como assim?"*.

Ele explicou, sem delongas: *"Você não pode ficar se envolvendo com questões operacionais e tantas outras do dia a dia. Olha o tamanho da nossa estrutura! Nós estamos aqui para fazer isso, não você. Você tem que sair do tático para o estratégico, é lá que precisamos de você, da sua inteligência. Você tem que nos guiar, ser o nosso farol. E isso tem que ser feito lá, não aqui"*.

Despedi-me dele, não sem, antes, lhe dizer que voltaríamos ao assunto na manhã seguinte. Com a cabeça fervilhando, voltei para casa. Adormeci com as palavras do diretor nos cochilos. Ele estava certo, aliás, mais que certo! A partir daquele momento, minha contribuição teria de ser outra, mudar de patamar. Seguir outro rumo. Eu tinha que decidir! Não podia mais concentrar meu tempo no dia a dia da operação. Naquele momento, a empresa, com cerca de mil e quinhentos profissionais, precisava bem mais do que aquilo que até então eu estava oferecendo. Após ouvir o diretor e considerando que o crescimento era mesmo inevitável a partir dali, eu teria de me reposicionar em outras bases para administrar a expansão. Não seria uma decisão fácil: eu deveria afastar-me do que mais fazia meus olhos brilharem.

Como prometido, no dia seguinte convoquei uma reunião com os diretores e superintendentes de planejamento. Fui direto ao ponto. Desenhei o plano macro para os cinco anos seguintes, e comuniquei-lhes o meu afastamento total do dia a dia da operação. Atividades operacionais e de planejamento estratégico trabalhariam de forma autônoma, mas, integradas; nomeamos diretoria para cada uma das atividades operacionais e afins, priorizamos as atividades de planejamento, organizamos e fortalecemos essas áreas – operacional e estratégica – num ambicioso processo estruturado de inteligência de dados. A mim, caberia guiá-los nesse propósito de excelência e de prospectar um fundo de investimento, financeiro ou estratégico, para consolidarmos o mercado de recuperação de crédito. E, ainda: ali teve início o processo de governança corporativa, para elevar o faturamento, manter a excelência operacional e de desempenho. A ideia era crescer, apresentar a empresa como uma companhia estruturada e organizada para os clientes e colaboradores e atrair o interesse de eventuais investidores que pudessem potencializar o plano. Éramos audaciosos!

Neste meio tempo Maristela dedicou-se ao fortalecimento das nossas marcas, da modernização da identidade visual, da comunicação corporativa e, na carona do nosso acelerado crescimento, teve a brilhante ideia de nos inscrever no concurso das empresas que mais cresciam no Brasil, ranking organizado pela Revista Exame PME e auditado pela Deloitte, uma das mais renomadas auditorias do mundo. De certa forma, não foi uma surpresa para o time de colaboradores, para os clientes e fornecedores. Em 2012 fomos considerados a quinta Empresa Média que Mais Cresceu no Brasil no triênio 2009/2011. No ano seguinte, em 2013, ganhamos o primeiro lugar como a Empresa que mais Cresceu no Brasil no triênio 2010/2012. Um gol de placa!

Os prêmios nos deram grande visibilidade. Ser considerada a empresa que mais cresceu no País despertou o interesse de muitos investidores. Recebemos *approaches* de diversos fundos de investimento, nacionais e internacionais, fomos conectados a profissionais de altíssimo nível técnico. Como se diz no jargão de mercado, "entramos na mira" de grandes investidores. A Endeavor, uma das mais renomadas instituições voltadas ao desenvolvimento do empreendedorismo no Brasil e no mundo, presente em mais de trinta países, nos procurou interessada em que o nosso *case* de sucesso inspirasse novos empreendedores.

Como contarei mais adiante, a companhia foi vendida em meados de 2015. Minha saída definitiva se deu em dezembro de 2016. Encerrei um ciclo importante da vida. Chegamos aonde jamais imaginamos chegar, realizamos o que muitos desejam realizar. Apenas uma pequena parcela de empresários no mundo tem tal privilégio, justamente porque consegue superar o principal desafio do crescimento: **avançar sem medo.**

> *"Não a nós, Senhor, nenhuma glória para nós, mas, sim, ao teu nome, por teu amor e por tua fidelidade!" Salmos 115:1*

Capítulo VIII

NEM POR UM BILHÃO

Chave 8: Decida-se a favor do que realmente importa.

"Decidir comprometer-se com resultados de longo prazo ao invés de reparos a curto prazo é tão importante quanto qualquer decisão que você fará em toda a sua vida".
Anthony Robbins[8]

Já parou para pensar o que tem mais valor para você na vida? Sucesso? Carro? Casa? Dinheiro? Reconhecimento profissional? Fama? Saúde? Estabilidade? O que realmente importa para você? O que move sua vida? E... O que você entende por vocação? Já falei do fascínio que tenho por empreender, e sobre isso valem mais algumas linhas. Empreender é algo que certamente passa pela cabeça de boa parte das pessoas. Se levada a termo, a atividade, qualquer que seja, pode gerar oportunidades para o empreendedor e para todos aqueles que estão ao seu lado e, obviamente, para a sociedade como um todo.

O empreendedor é geralmente um sonhador: visualiza e projeta o seu negócio a patamares altíssimos. Poucos sabem que empreender vai muito além do ato de abrir uma empresa. Como disse há pouco, empresários e empreendedores são figuras completamente

8 **Anthony (Tony) Robbins**, escritor e palestrante motivacional americano. É um dos responsáveis pela popularização da Programação Neurolinguística (PNL). Considerado um dos mais influentes coaches do mundo na atualidade, escreve e fala sobre assuntos como saúde e energia, comunicação, medos convencionais, sucesso financeiro, como manter e aprimorar relacionamentos, etc.

distintas. Gosto sempre de lembrar que abrir uma empresa não significa necessariamente empreender. O grande desafio em toda a atividade empreendedora consiste em inovar, criar valor. Ser empreendedor é, primeiro, entender qual é sua vocação, o que poderia dar sentido à sua vida, e, segundo, planejar a longo prazo com determinação suficiente para que aconteça, mas, terceiro, que aconteça algo realmente de valor, algo com natureza capaz de transformar para melhor!

Ser empreendedor é, digamos, uma postura de vida, portanto, implica vocação. Mas o que é vocação? Vocação vem do verbo *vocare* (em latim), junção de voz (*vox*) e coração (*core*). Significa atender à voz do coração, ao chamado, ao dom natural que cada um carrega consigo. Literalmente, empreender, para mim, é atender ao chamado de meu coração. Sempre sonhei em criar uma empresa que gerasse valor, algo muito além do financeiro, algo social, e fui fiel a esse propósito. Aliás, perseverança, persistência são elementos de ordem para quem deseja arriscar um negócio, como disse, por vocação. Mais do que persistência, precisei exercitar a resiliência, afinal, como já lhes contei, o que não faltou foram obstáculos. Resiliência é entendida nos dicionários como "capacidade de rápida adaptação ou recuperação".

Superando uma barreira aqui, driblando um percalço ali, criei algo muito além do que imaginei, tive mais sucesso do que jamais pensei, cheguei muito além do que jamais sonhei. Quando comecei a carreira, sonhava ser um bom advogado, ter um escritório bem estruturado e um bom rendimento no final do mês. Como todo brasileiro, eu alimentava o sonho da casa própria, de ter um bom carro e condições financeiras para prover aos meus filhos uma boa educação. Conquistando isto, já estaria acima da estatística média brasileira. Segundo o IBGE (Instituto Brasileiro de Geografia e Estatística), no ano de 2019, a renda média do trabalhador brasileiro era de pouco mais de dois mil e trezentos reais por mês e apenas 1% da população brasileira conseguiu alcançar remuneração mensal perto de trinta mil naquele ano. Superar esse tradicional grupo de 1% de privilegiados já seria bem além da expectativa e das possibilidades de qualquer um. Eu consegui! Criei uma empresa capaz de sobreviver em meio a turbulências econômicas inimagináveis, uma empresa que chegou a liderar o ranking das que mais cresceram no país e que, portanto, foi vendida no auge. Isso era algo impensável mesmo para mim, um sonhador inveterado.

> *"Agora se preparem para ver este grande feito que o Senhor vai realizar diante de vocês!" 1 Samuel 12:16*

Pois bem, o pequeno escritório de advocacia que iniciou atividades em uma salinha no segundo andar do prédio de uma modesta copiadora no bairro da Penha, na cidade de São Paulo, se transformou, anos à frente, em uma empresa cobiçada por respeitáveis grupos brasileiros e internacionais. Isso era muito, muito além do imaginado. No auge da trajetória, quando atingimos o patamar de companhia estruturada e líder de mercado, recebemos o *approach* de um grande fundo de investimento brasileiro, interessado na empresa. Entre todos, foi o que mais nos conectou. Foram quase dois anos de conversas. Namoramos, desmanchamos, reatamos o namoro e quase nos casamos. E este quase casamento foi, para minha vida, o **divisor de águas**. Havia entre nós e os sócios deste fundo uma sinergia muito grande, um alinhamento de ideias, de propósitos, uma empatia mútua, o que é muito raro de acontecer no mundo corporativo. Tínhamos a fórmula completa para, juntos, efetivarmos um grande negócio.

Nosso projeto com esse fundo brasileiro era grandioso: consolidar o mercado de atuação a partir da aquisição de outros players, fortalecer as estruturas internas de inteligência, infraestrutura e governança, preparar a companhia para ser listada na B3, então a maior Bolsa de Valores da América Latina, ultrapassar a marca de UM BILHÃO de reais e fazer o tão sonhado IPO (*Initial Public Offering* - Oferta Pública Inicial). O IPO é considerado o ápice de uma empresa; significa que ela se tornou bem-sucedida aos olhos dos mercados nacional e internacional, portanto, de capital aberto e disponível para operações de venda de títulos, ações, debêntures e outros ativos. Para os sócios, atingir esse patamar significa algumas centenas de milhares de dinheiro no bolso; para a empresa, uma injeção de capital gigantesca capaz de permitir que siga avançando, expandindo suas operações. Resumidamente, IPO é o **sonho** de todo empreendedor.

Como nem tudo é perfeito, vamos ao empecilho desse processo de construção que nos foi proposto, empecilho pelo menos para mim: sim, ultrapassaríamos UM BILHÃO de reais em faturamento em cinco anos. Quem não toparia? Em contrapartida, eu teria de permanecer na empresa durante todo esse período. O fundo não queria abrir mão da minha presença na gestão. Normalmente fundos de investimento não abrem mão da presença dos fundadores porque, no final das contas, são *eles*, os empreendedores, que fazem a coisa acontecer. Eles são os que conhecem o negócio, o mercado, as especificidades, os obstáculos... Mais que isso: é por eles que, muitas vezes, o time veste a camisa!

No meu caso, foi um pouco além disso. Os investidores tinham confiança plena de que a companhia, operacionalmente estruturada por mim e pela minha esposa, seguiria bem sem nossa presença. Não havia receio algum sobre isso. O problema é que viam na minha figura características pessoais diferenciadas e imprescindíveis para que um projeto daquela magnitude desse certo. A primeira delas é que eu não me envaidecia por estar à frente de uma companhia daquele porte. O dinheiro, como sempre foi, não me seduzia, e esse fato os deixava convictos de que o sucesso do projeto de UM BILHÃO não alteraria minha personalidade. Entendiam que a humildade e a postura de não se deixar contaminar pelo poder e pelo dinheiro ajudariam na condução da companhia a um objetivo tão ambicioso!

O problema é que, manter-me à frente da companhia por tanto tempo teria um custo que eu não estava disposto a pagar: *continuar abrindo mão da minha família*. Se uma companhia do porte em que se encontrava naquele momento já consumia dezesseis, dezessete horas do meu dia, quanto mais me exigiria trabalhar na gigante projetada por eles? Eu já pagara um preço excessivo pelo meu sucesso até ali. Fato é que eu abrira mão da minha vida, do tempo com meus filhos, com minha esposa, com meus amigos para me dedicar à empresa que eu próprio construíra. Abri mão do melhor de mim, da minha essência, e já me transformara em uma máquina, fria, indiferente, calculista. Afastei-me das pessoas que amava, deixei de fazer coisas de que gostava imensamente. Valeria a pena continuar assim para construir uma empresa de mais de UM BILHÃO de reais? Naquele momento, eu me vi diante de uma das mais difíceis e importantes decisões de minha vida. Toda decisão, por excelência, pode alterar o curso de nossas vidas e naquele instante não foi diferente. O caminho que eu escolhesse, a decisão que eu tomasse, definiria o curso de minha vida, da vida da minha esposa e da vida dos meus filhos.

E **o que fazer** é a indagação que sempre causa o grande arrepio em um processo de decisão. E eis o meu **"o que fazer"**: aceitar a oferta de virar um bilionário em cinco anos, à custa de continuar afastado da família, de abrir mão de acompanhar o crescimento dos meus filhos, de restabelecer o meu casamento, de recuperar o desgastado convívio familiar... Não! Tudo o que eu mais queria era recuperar o convívio com os meus, era reencontrar o Fabio humano, equilibrado, sonhador que eu deixara para trás, era recuperar a simplicidade daquele jovem empreendedor que começou a vida de maneira transparente e descompromissada com o sucesso pelo sucesso. E isso pesou!

> *"Que ninguém o seduza com riquezas; não se deixe desviar por suborno, por maior que este seja. Acaso a sua riqueza, ou mesmo todos os seus grandes esforços, daria a você apoio e alívio da aflição?" Jó 36:18-19*

Nada, nem UM BILHÃO me demoveria da ideia de recuperar a minha família, de estar do lado dos meus filhos, de vê-los crescer, de acompanhá-los na escola, de não me preocupar com o tempo e poder parar na esquina para um sorvete, um refresco, um chocolate quente, curtir com eles um cineminha... Àquela altura do campeonato eu ainda não havia conquistado a independência financeira por completo, mas já estava muito bem de vida, não tinha por que me queixar. Isso também pesou na decisão. Foi então que propus uma reunião com a minha esposa e os sócios do fundo para um bate-papo franco. O contrato estava em nossas mãos; bastava assiná-lo e dar largada ao projeto de UM BILHÃO... Porém, antes, pedi esta reunião. Ali, com toda a verdade do meu coração, ponderei cuidadosamente:

"Vocês compram e vendem empresas todos os dias. Este é o negócio de vocês. Eu nunca vendi nenhuma das minhas empresas.

Não tenho experiência neste tipo de negócio; então, preciso saber: o que vai mudar na minha vida sendo dono de uma empresa de UM BILHÃO de reais? O que vai ser diferente a ponto de justificar eu me dedicar mais cinco anos e abrir mão da minha família e de acompanhar o crescimento dos meus filhos? Como um bilionário, o que vou conseguir fazer ou ter acesso melhor do que tenho hoje? O que de fato vai mudar de forma positiva na minha vida, melhor do que tenho hoje, para justificar isso tudo? Vou comprar um carro diferente e melhor do que tenho hoje? Vou morar num lugar melhor do que já moro hoje? Vou poder ir a um restaurante ou fazer uma viagem para um lugar que não posso ir hoje? Eu não tenho o desejo de comprar um "mega" iate ou um jato particular ou um carro superesportivo, então, me expliquem, o que justifica tudo isso?"

Em suma, eu queria saber: o que de tão relevante um bilionário faria que um milionário não pudesse fazer?

A resposta deles foi igualmente franca, incisiva:

"NADA! Nada vai mudar tão substancialmente assim. Uma ou outra coisa talvez possa mudar, mas, na essência, nada que mereça menção..."

E complementaram:

"...e esta é uma das razões pelas quais não *podemos abrir mão de você. Você não se preocupa com o poder, com o dinheiro ou com a possibilidade de sair na capa de uma revista renomada. Isso não o envaidece! Precisamos de alguém na liderança de uma empresa tão grande assim exatamente com essas qualidades que, digamos, são raríssimas em empreendedores que atingem um sucesso desse tamanho."*

Sem tantas justificativas, encerrei o encontro:

"Pois, muito bem. Aqui está o contrato, sem minha assinatura. Não posso prosseguir com este projeto. Não faz sentido."

Decidi aceitar uma proposta de compra feita anteriormente por outro grupo de investidores e que, por si só, me garantiria a tranquilidade financeira desejada. Decidi abrir mão de construir o meu primeiro BILHÃO e ganhei liberdade – a liberdade de estar com a minha família a qualquer hora, de ver os meus filhos crescerem e de reconstruir a minha vida em novas e sólidas bases. Mais adiante você perceberá que decidir pelo *menos* representou o *mais* na minha vida!

Este foi o episódio-chave da minha vida: decidir entre a família e o dinheiro, muito dinheiro! Claro que dinheiro tem sua relevância. Não compra a felicidade, obviamente, mas propicia meios de consegui-la, desde que, evidentemente, não atribuamos a ele mais importância do que realmente merece. O dinheiro serve aos fins, porém não é o fim por si só. De nada adianta ser milionário e levar uma vida vazia, sem família, sem filhos, sem amigos, cheia de aflições e desesperos gerados pela solidão. Há que se ter um balanço na equação dinheiro/felicidade. Há que se ter coragem para **decidir-se a favor do que realmente importa**!

Capítulo IX

REDESCOBRINDO A ESSÊNCIA

Chave 9: Paciência com você mesmo.

"A paciência é a fortaleza do débil e a impaciência, a debilidade do forte."
Kant[9]

No início de 2020, o mundo se deparou com uma das suas maiores catástrofes. Fomos aterrorizados pelo chamado "novo coronavírus". O mundo, desde sua origem, passou por diversas transformações e tragédias. A terra foi impactada por meteoros, vivemos a enchente bíblica de Noé, passamos por duas guerras mundiais, assistimos à fúria da natureza em vários pontos do planeta, mas, ninguém, ninguém imaginaria que a ficção científica dos cinemas invadiria a vida real como aconteceu em 2020. Em sincronismo perfeito, o mundo literalmente parou. Bilhões de pessoas foram forçadas a permanecer em quarentena em suas casas. As indústrias, o comércio, os automóveis, o sistema financeiro mundial, tudo, tudo foi abatido por um vírus que até agora não se sabe como, quando e por que surgiu. Nada semelhante havia sido experimentado até então pela humanidade.

---

9 **Immanuel Kant** (1724-1804), filósofo alemão, fundador da "Filosofia Crítica", sistema que procurou determinar os limites da razão humana. O sistema filosófico Kantiano foi concebido como uma síntese e superação das duas grandes correntes da filosofia da época: o "racionalismo", que enfatizava a preponderância da razão como forma de conhecer a realidade, e o "empirismo", que dava primazia à experiência. (*Fonte:* eBiografia.com)

O isolamento da quarentena forçou a convivência interpessoal na sua essência: maridos, esposas, filhos e irmãos novamente reunidos entre quatro paredes. Em muitos grupos de WhatsApp, li e ouvi piadas de maridos reclamando de suas mulheres, e vice-versa, e de pais dobrando os joelhos em oração não pela cura da humanidade, mas para que seus filhos retornassem às escolas, porque ambos desaprenderam o que era convivência familiar e como ela pode ser, sim, saudável e rica. Conviver com os filhos vinte e quatro horas por dia se revelou uma tarefa penosa.

Fomos obrigados a recuar, a voltar ao preâmbulo da sociedade, a um comportamento simples que ficara esquecido com o passar dos anos: o convívio. Antes do advento da Covid-19, o ritmo frenético da modernidade cultivou em nós o egoísmo e o isolamento, o consumismo, a vontade de ter mais e mais, o culto ao ego. Até no mundo corporativo, fomos levados a perder a real proporção do factível, do razoável. Crescer profissionalmente, desenvolver uma boa carreira, ganhar mais e mais dinheiro, conquistar um *status* social diferenciado dos colegas, tudo virou obsessão. Perseguir a felicidade a qualquer custo, mesmo que uma felicidade transitória, efêmera, geralmente atrelada ao ter mais e do melhor, tornou-se a meta de muitos de nós. Pretensiosos, vaidosos, senhores de si e, não raro, do destino dos outros, nos isolamos por detrás das telas dos celulares, das redes sociais, dos chats, deixamos de conversar pessoalmente, de tocar, de olhar nos olhos, de acariciar.

E é incrível que, em uma época extraordinariamente brilhante, sobretudo do ponto de vista tecnológico, nossa sociedade dita inteligente tenha se tornado tão egoísta, tão individualista. As pessoas trancaram-se no seu mundo particular, dominadas pelas perspectivas de seus interesses, diante de uma tela de computador e, sem se darem conta do real sentido de suas vidas, assumiram-se como peças dessa engrenagem toda. Muito embora a tecnologia nos permita conversar, enxergar, interagir a um clique com quem quer que seja em qualquer ponto da terra, nunca vivemos tão solitários, desconectados uns dos outros e carentes do convívio humano.

Na minha vida de empresário, já fui um homem frio, eu diria insensível até. Não por escolha consciente, mas pelo fato de que, se você não se cuidar, o veneno da indiferença vai tomando conta da sua vida e, sem que perceba, você se distancia do que realmente é na sua essência. Deixamos de ser nós mesmos sem tomarmos ciência disto. Eu me afastei das pessoas que amava e elas se afastaram de mim. Convivíamos, mas não estávamos realmente juntos, conectados em – e por – nossa essência, nossa alma.

Por fora, aos outros, eu parecia um homem destemido, inteligente, estratégico, visionário, frio e calculista (no melhor sentido dessas palavras), racional, seguro, forte, decidido, altamente motivado. Por dentro, sem que percebessem, triste, infeliz, angustiado, insatisfeito, desmotivado, intolerante, com aquela sensação constante de vazio, um elevado grau de pessimismo e de irritabilidade. Eu vivia acuado, com medo e com uma vontade de deixar de escanteio o que podia me fazer bem e aos meus. Intolerante e desconfiado, não me permitia conviver com outras pessoas fora do restrito círculo familiar.

Quando tomei a decisão de parar, de abrir mão do privilégio de continuar a ser um homem de negócios bem-sucedido, de vender tudo o que demorei a vida toda para construir, foi porque no fundo da minha alma sentia uma angústia singular e profunda por ter me tornado uma pessoa muito, muito distante do que eu realmente era na minha essência. Não via a hora de voltar a conviver com a minha esposa, com os meus filhos, com meus irmãos, com meus sobrinhos, com meus cunhados, com meus amigos. Precisava resgatar a conversa franca, o olho no olho, o riso solto. Precisava sentir novamente o calor das pessoas que realmente importavam na minha vida.

Por muito tempo, insisti que conseguiria sair daquele buraco, mas ele ia se tornando cada vez mais fundo, cada vez maior, cada vez mais largo. Vários foram os sinais de que o limite chegara, mas eu fiquei ali impassível, deixando que a solidão e a desesperança me consumissem. Até que... Até que escutei minha esposa desabafar que "estava casada com uma máquina, não com um homem". Foi um dos golpes mais duros da minha vida. Eu já havia vendido a minha empresa, estava tentando me encontrar, estava no meio do processo de redescoberta da minha essência, mas, ainda, pelo fato de ser muito recente, mantinha a minha armadura, os vícios daquele ser frio e indiferente que eu me tornara nos anos de liderança da empresa. Eu, Fabio, tão cheio de mim, não conseguia enxergar o fracasso pessoal e avassalador que fatalmente viria se não mudasse minha postura. Fracassar como empreendedor não teria feito mal maior do que o de perder minha família. As palavras de Maristela foram o chacoalhão de que eu precisava. A partir dali, decidi deixar de ser o homem de ferro e voltar a ser o Fabio humano em toda a sua essência. Sim, o Fabio de antes, do tempo de namoro e dos primeiros anos de empresa, era carinhoso, gentil, solidário, cúmplice, brincalhão, sonhador, dono de muitas outras qualidades que, tenho certeza, me fizeram arrebatar o coração de minha Maristela.

Hoje, com muita propriedade aos que me são próximos, afirmo que a grande riqueza não foram os milhões que conquistei. Minha maior riqueza foi ter conseguido despertar do torpor profundo em que me encontrava, e resgatar o meu eu. Decidi vencer a mim mesmo; decidi deixar de lado hábitos ruins e resgatar o Fabio que ficara para trás. Graças a essa tomada de consciência, hoje posso escolher com quem gastar o meu tempo, tão ou mais precioso que antes. Não há privilégio maior do que poder conviver, de alma leve, com a esposa e os filhos, com os amigos e os irmãos. Não há preço em ter disponibilidade para descobrir uma receita culinária diferente e cozinhar para Rafael, Isabela e Maristela. No mesmo período de isolamento que passamos por conta da Covid-19, seguindo os protocolos de segurança, decidimos dispensar as duas funcionárias que trabalhavam em casa e aproveitar ao máximo o tempo de isolamento para nos conhecermos mais.

Tenho certeza da grandiosidade dessa proximidade, o quanto ela significa para o fortalecimento dos vínculos de família. No período de quarentena, minha esposa questionou o meu filho se ele estava sentindo falta dos amigos. A espontaneidade da resposta de Rafa nos surpreendeu: não havia razão alguma para estar sentindo falta dos outros amigos porque o melhor amigo dele estava em casa, brincando com ele o tempo todo. Que privilégio o meu ser considerado o melhor amigo do meu filho!

Não importa o que conquistamos ou o sucesso que atingimos. De nada isso valerá se ao nosso lado não houver ouvidos e corações sinceros dispostos, atentos, com quem possamos dividir nossos grandes e pequenos feitos, nossas alegrias, sentimentos, emoções... A isso, uns chamam de sorte; eu chamo de bênção, bênção por ver resgatada a minha essência e por ter tido tempo de redescobrir quão preciosa é a oportunidade de estar ao lado dos que enchem nossa vida de sentido.

"Descobri que na vida existe uma coisa que não vale a pena: é o homem viver sozinho, sem amigos, sem filhos, sem irmãos, sempre trabalhando e nunca satisfeito com a riqueza que tem." Eclesiastes 4:7

O ser humano precisa voltar a ser ele mesmo. A convivência entre marido e mulher, pais e filhos, irmãs e irmãos jamais deveria se configurar um peso. Temos de aprender a conviver com as diferenças de ideias, principalmente em casa. O processo de transformação não é simples. Exige exercício constante. Você, leitor, deve definir esta transformação como prioridade; deve ter paciência com você mesmo, pois mudanças levam tempo, não acontecem da noite para o dia. Quando jogamos uma pedra num lago de águas tranquilas, mansas, logo percebemos que a água se agita, formando ondulações em círculos. Mas essas ondulações devagar passam, e aquela água volta a ser serena, calma, volta a se transformar em espelho, e a refletir a beleza do céu, a copa das árvores que margeiam o lago e a capturar o voo dos pássaros.

Assim é também conosco. Depois desse furacão devastador que nos encurralou em casa, precisamos retroceder, mas não aos tempos que antecederam a pandemia. Há muito nossas águas já não repousavam tranquilas. É certo que tudo leva tempo para se acalmar e voltar ao estado anterior original. Precisamos retroceder ao ponto do melhor de nós... Talvez fosse melhor decidirmos voltar no tempo, a quando ainda nossas relações carregavam a pureza dos sentimentos, talvez ao tempo da meninice, à juventude, ao tempo de namoro, ao tempo dos sonhos. Deixar de lado as perturbações, acalmar o espírito, resgatar a mansidão da mente requer prática no processo de decisão e, sobretudo, muita disposição e paciência. Tentar apressar esse processo de reconstrução pode inclusive agravar a ansiedade e novamente trazer à tona os ainda evidentes, patentes, traços de perturbação e desequilíbrio.

Ou seja, há um tempo de reflexão e de prática para que esta reconstrução seja concluída, e você volte a enxergar novamente o espelho próprio das águas tranquilas de seu espírito. E sabe qual é este tempo? Aquele necessário que apenas você sabe. Só você é capaz de dizer quanto tempo isto leva. Aquele tempo suficientemente necessário e capaz de aniquilar as suas perturbações, neutralizar o seu egoísmo e trazer luz à sua consciência, à consciência de si, a de que agora você voltou a ser você mesmo novamente. Há algumas páginas, eu confessei o meu perfeccionismo, a minha pressa em ver tudo do jeito que eu queria, a minha irritabilidade quando algo não saía como planejado. Por isso, falo por experiência, que se você não for capaz de ser paciente e compreensivo consigo mesmo, dando-se o tempo de que precisa para a reconstrução do seu ser, não será capaz de ser compreensivo com mais ninguém. **Decida ser paciente com você mesmo!**

Capítulo X

A VIDA NÃO É UM CLIQUE

Chave 10: Acalme-se. O tempo é fator indispensável à conquista.

"Com ordem e com tempo, encontra-se o segredo de fazer tudo e tudo fazer bem."
Pitágoras[10]

A tecnologia me fascina... E me preocupa igualmente. Esse mundo enormemente automatizado é realmente irresistível! Quanta coisa mudou em tão pouco tempo! Na minha infância era uma luta para termos alguma coisa, ou porque não tínhamos dinheiro ou porque não se tinha onde comprar. E quando essa equação se resolvia, havia o exercício da espera. Fotos, por exemplo, levavam um mês, até mais, para serem reveladas. Não havia o deletar das que não ficaram boas. Era clicar e torcer para que tivessem saído perfeitas, com poses razoáveis, o que normalmente saberíamos quase dois meses depois! Tiradas nas festas de fim de ano, por exemplo, os retratos chegavam da revelação por volta do início de fevereiro e era aquela festa para ver o que se aproveitou do rolo de filme... Sempre havia

10 **Pitágoras** (582-497 a.C.), matemático e filósofo grego, desenvolveu trabalhos nas áreas da filosofia, música, moral, geografia e medicina. O Teorema de Pitágoras é uma das suas mais conhecidas ideias no campo da geometria e diz que: "Em um triângulo retângulo, o quadrado da hipotenusa é igual à soma dos quadrados dos catetos", ou seja: a2 = b2 + c2. A escola filosófica de Pitágoras dizia que o mundo, os elementos e os seres vivos podiam ser expressos por números. Essa ideia levou seus discípulos ao pioneirismo da ciência matemática e do estudo da geometria pura, desligando-a de qualquer finalidade prática. (*Fonte:* eBiografia.com)

alguma decepção porque algumas queimavam ou vinham tremidas, desfocadas, poses nada a ver...

Por essa e por outras que sou fã das tecnologias que transformam o mundo, apenas tenho algumas ressalvas quanto às alterações já altamente visíveis no comportamento das pessoas, principalmente no dos mais jovens. Ela é fascinante porque tudo o que se quer se pode ter num clique e o *delivery*, senão no mesmo dia, no dia seguinte, e isso é bom na maior parte das vezes. Mal utilizada, contudo, a tecnologia nos adoece; incita-nos a viver segundo o *tempo da máquina*, e não segundo *o tempo, o senhor da razão.*

Mais adiante, vou lhe contar, meu caro leitor, sobre como se deu o meu processo de ansiedade, aquele defeito de sofrer por antecipação, de tentar adivinhar o futuro e de querer controlar o *como*, o *onde* e o *de que jeito* de tudo. Esta foi uma das coisas mais nefastas da minha vida. Persisto na luta para obter a paciência de uma criança.

Se a geração passada, analógica, na qual me incluo, produziu adultos ansiosos, o que será dos adultos desta nova safra se a infância está sendo alicerçada e alimentada pela ansiedade do clique? O que vai ser da geração "Y" ou *'millennial'* (nascidos no final do século XX e início do XXI), que tem a vida formada no "clique" e tudo se resolve de bate-pronto e/ou se faz pelo celular? Para esses nativos digitais, basta apertar o botão e *ZIP*, o que se deseja está na porta de casa. Fazer essa geração entender que a vida não é um clique é tarefa complexa. É assim com meus filhos. Não me canso de dizer-lhes que a vida não é um vídeo do YouTube que se assiste quando e onde se quer e nem tampouco pode ser movida *back* ou *forward* no momento em que se deseja.

Não são apenas as crianças a se contaminarem pela pressa, pelo imediatismo. De maneira geral, nós adultos nos impacientamos se algo demora mais que o que agora padronizamos como 'tempo normal'. Desaprendemos a esperar. Se o computador demora a ligar, já nos exasperamos. É uma tortura aguardar tranquilamente uma resposta à mensagem que acabamos de enviar. Outro dia li que cresce o número de pessoas diagnosticadas com depressão por conta do excesso de tempo em redes sociais. São usuários que depositam sua realização pessoal no número de seguidores e de curtidas e na quantidade de comentários recebidos nas publicações. Conheço pessoas que, por conta da conexão ininterrupta em redes sociais, se enervam, se deprimem com a ausência ou baixo número de *likes* em suas postagens, com a falta de manifestação às suas mensagens e que sentem vontade incontrolável de interagir e de responder instantaneamente a todas as que chegam a seus aparelhos.

A tecnologia já deu provas do quanto é importante, necessária até, mas precisamos de autocontrole, de um filtro, para preservar a qualidade de vida, a saúde, nossa e de nossas relações. Especialistas já apontam alguns efeitos colaterais da dependência, do uso desmedido de aplicativos. Depressão, insônia, problemas de coluna e perda auditiva são alguns desses efeitos e que se somam a problemas de interação social e dificuldades de se comunicar em público. Médicos já classificaram como Nomofobia, (expressão inglesa *"no-mobile"*) o estado de ansiedade causada pelo distanciamento do celular ou pela falta de bateria do aparelho.

Cada vez mais estamos criando pessoas frenéticas, insatisfeitas, angustiadas, impacientes, intolerantes e, sim, mimadas. As crianças de ontem eram mais "puras" na sua ansiedade. Receber presentes, por exemplo, apenas em datas consagradas – Natal, aniversário e, quando muito, Dia da Criança. E era aquela aflição, aquele frio na barriga às vésperas do dia tão esperado. Hoje, acredito que se perdeu a magia da espera na maioria dos lares. Presenteia-se a criança por qualquer motivo, por uma mínima manifestação positiva, um comportamento dentro do esperado: premia-se por ter se saído bem no exame, por ganhar o campeonato da escola, por limpar o quarto... Se ganha agradinho na visita dos avós, dos tios, no aniversário do irmãozinho... Que tipo de adulto estamos formando?

E a vida não é assim. Costumo lembrar aos meus filhos que, apesar das facilidades do clique, toda uma dinâmica precede aquele clique possível, há todo um complexo processo para que o produto seja planejado, construído, embalado, transportado até chegar às nossas mãos. Tento mostrar-lhes que há sempre um processo de construção entre o que sonhamos ter ou ser e o que fazemos para ter ou ser. Tudo, tudo mesmo, exige um período de construção – longo, na maior parte das vezes. O fator tempo não pode ser ignorado. Ao pretender algo de relevância em suas vidas terão de passar pelo tempo do planejamento e maturação antes que esse algo se concretize, se materialize. Ainda que queiram ir mais depressa, tudo tem o próprio ritmo, uma combinação de esforços e dedicação de tempo, sobretudo, para se alcançar o resultado desejado.

Muitos desses jovens que nasceram com um *tablet* e um *smartphone* embaixo do braço são atraídos pelo fato de que boa parte do grupo de empreendedores bem-sucedidos da nova geração está ligada aos desenvolvedores dos famosos aplicativos de mídia social ou dos canais virais do *YouTube*. Isso passa a esse usuário imaturo, geralmente com um estilo de vida igualmente marcado por *youtubers*, a percepção de que qualquer um, do dia para a noite, pode virar um Mark Zuckerberg, do Facebook, ou o Ninja, do Fortnite, com milhões de visualizações monetizados na internet. Isto pode acontecer? Claro que pode, mas há um pequeno funil pelo qual passam apenas alguns afortunados com ideias geniais que surgiram em momentos excepcionais. Mas nem esses seres afortunados e excepcionais chegaram lá por acaso. Houve boa dose de trabalho, de dedicação e de comprometimento por parte deles e, principalmente, gastou-se muito tempo. Não foi o acaso ou a velocidade do clique que os colocou numa posição privilegiada do dia para a noite.

Quando meus filhos demonstram interesse por algo, sempre os questiono o que pretendem fazer para obtê-lo. Mostro-lhes que tudo faz parte de um processo de construção e, dependendo do envolvimento e de alguns fatores muitas vezes alheios ao seu controle, este momento do *Click e Zip* pode ser prolongado. O clique não os fará pular etapas e tampouco os levará diretamente ao capítulo final do episódio.

Mérito é outra questão que trabalho exaustivamente com minhas crianças. **Esforço deve ser a base de qualquer conquista**, e esse esforço precisa estar ligado ao envolvimento com os objetivos dentro de um limite aceitável de tempo. Quase tudo requer merecimento. Esta é a vida. O resultado para o que se pretende nunca é automático; **o clique não pode retirar do "pacote" a perseverança, o empenho, a insistência e o tempo inerentes à conquista**. Nossos jovens precisam entender que, além do tempo, o ato de conquistar faz parte de um conjunto de méritos e de condições que, somados, levam ao momento do clique. Fato é que o imediatismo, o "querer tudo pra já", além de quase sempre comprometer o resultado, pode nos levar a tomar decisões cujas consequências são muitas vezes irreparáveis, pode nos levar a decidir de forma errada ou precipitada, desprezando o equilíbrio e a tranquilidade que devem estar sempre presentes para se chegar a uma decisão acertada.

As novas tecnologias estão aí para serem exploradas; são maravilhosas, mas não podem substituir as premissas do **pensar, do agir e do interagir**, sem as quais não há resultado produtivo ou intelectual eficaz, efetivo. Não é possível rebobinar os capítulos da vida, e o que está adiante chegará somente no momento certo e não há como antecipá-lo. Da mesma forma, não é possível *skip* (pular) os capítulos necessários da nossa história, pois é por meio deles e com eles que adquiriremos maturidade e encontraremos forças para continuar em frente. Se pularmos algum, deixaremos de aprender e de absorver as verdadeiras lições que nos tornam mais resistentes. Se você quer alguma coisa, maravilha! Faça por onde, construa, dedique-se a esse objetivo. **Acalme-se, pois o tempo é um fator indispensável a qualquer conquista**. Definitivamente ele não está sob nosso controle.

Capítulo XI

GRATIDÃO

Chave 11: Compartilhe experiências.

"O grande segredo para a plenitude é muito simples: compartilhar."
Sócrates[11]

Gratidão é o bem da vida. E a melhor forma de agradecer é compartilhar o que muitas vezes se aprende pela dor. Cada vez que reflito sobre o assunto me convenço: quanto mais compartilhamos nossa felicidade e nossas vitórias, mais felicidade e mais vitórias teremos. Compartilhar nos plenifica. Faça e reparta com gratidão as experiências pelas quais passou, boas ou ruins. Saber ser grato é uma qualidade. Feliz do homem que sabe ser grato pela vida. A ação divina se realiza sempre através da mediação humana. Um exemplo disso é a passagem do Êxodo, quando Deus faz de Moisés, que se julga incapaz e sem autoridade, um mediador da libertação do povo hebreu, escravizado no Egito, e com quem ele, Moisés, jamais havia convivido até então.

---

11 **Sócrates** (470-399 a.C.) filósofo grego, conhecido como o patrono da Filosofia, influencia até hoje o pensamento ocidental. Ateniense, filho de pais humildes, dedicou-se ao estudo da filosofia e à meditação. É conhecido por ter se rebelado contra os sofistas, que vendiam suas habilidades de oratória para defender a opinião de quem pagasse melhor, deixando prevalecer a ideia equivocada de que a verdade nasce do consenso entre os homens. Considerado uma ameaça ao funcionamento da sociedade grega vigente na época, Sócrates, por defender a verdade, foi acusado de subversão da ordem, corrupção da juventude e um profanador das crenças gregas. Foi condenado à morte mediante ingestão de cicuta.

Errar-acertar, perder-vencer são etapas do processo de aprendizado de cada um, mas poucos, bem poucos sabem agradecer, seja pelas vitórias, pelos acertos, seja pelos erros, pelas derrotas. O Evangelho de São Lucas nos mostra isso. O Mestre destruiu a impureza e a marginalização dos dez leprosos, e estava disposto também a salvá-los, mas apenas um, um samaritano, se tornou digno, justamente pela gratidão, de mais esta graça. Enquanto, em obediência, ele corria para apresentar-se ao sacerdote, percebeu que estava curado. Interrompeu sua corrida, voltou atrás para agradecer e dar glória a Deus. Sim, a compaixão e o amor infinito nos levam a viver na alegria da gratidão. A gratidão salva, redime. Temos de ser gratos, gratos pelo simples fato de termos sobrevivido ao ontem, por respirarmos no hoje, por termos deixado para trás algo de muito bom ou de muito ruim. Temos de agradecer pela lucidez na tomada de decisões, tenham elas tido efeitos negativos ou positivos.

Já disse em outra passagem, mas vale aqui repetir: infelizmente não conseguimos enxergar o quanto ganhamos com as perdas. Geralmente só conseguimos nos ater à perda em si, ao demérito, ao que nos falta... Raramente prestamos atenção aos benefícios que também as perdas nos trazem. Reclamamos, nunca agradecemos. Ignoramos que nas derrotas moram as grandes vitórias; fazemos questão sempre de cultivar apenas o gosto amargo que delas advêm, nos esquecemos de que são elas, essas derrotas, que nos conduzem ao livramento. Se você se recordar de algumas intempéries que atravessou verá que sempre algo de bom adveio delas. Quantos negócios não se sucederam ou foram malsucedidos, quantas amizades, quantos relacionamentos se desfizeram, quantos bens aparentemente bons você perdeu e, mais à frente, percebeu que essas perdas, esses fracassos não foram tão ruins assim ou o livraram de um problema muito maior? **Portanto, não lamente, agradeça!**

> *"Dando graças constantemente a Deus Pai por todas as coisas, em nome de Nosso Senhor Jesus Cristo." Efésios 5:20*

Ao perder, agradeça também porque certamente aquilo de alguma maneira não lhe traria benefícios ao longo da jornada ou, talvez, não seria do agrado do Juiz de todas as coisas. Ademais, especialmente sobre as coisas boas, as vitórias e as bênçãos que recebe, seja, além de grato, um 'missionário' da gratidão. Comece em casa mesmo. Ao levantar-se, agradeça pelo dom de sua vida, pela vida dos seus filhos... Lembre-se de agradecer até mesmo por coisas que de graça recebemos, digo, a água que bebemos, o ar que respiramos, a chuva que abençoa a terra e anuncia ao agricultor a dádiva da colheita abundante... Diante de uma mesa posta, uma mesa de café da manhã, um almoço, um jantar, una as mãos em sinal de prece; agradeça, peça pelos que ajudaram a fazer com que aquele alimento chegasse até ali, ore por suas famílias, por seus empreendimentos... Seja grato pelas coisas simples!

Devolva aos amigos, aos vizinhos, à família, ao mundo a gratidão pelo que deu certo e pelo que não deu, pelo que tem e pelo que não tem. A gratidão pode vir ainda e principalmente pela disseminação de seu aprendizado. A solução, a maneira como você se libertou daquele momento crucial de sua vida pode ser o que falta para alguém se libertar de aflições, de angústias... Numa boa meia-hora de conversa salvam-se vidas. Mais que uma vitória a ser contada, os sacrifícios, os dissabores geram valores que, partilhados, enobrecem a conquista. Quando partilhamos alguma coisa que deu errado, podemos livrar alguém de cometer o mesmo erro que tanto nos feriu. Há valor na derrota, e evitar que outros sejam igualmente derrotados é um deles. Há méritos em não ter conseguido completar algo, por isso, seja grato pelo que também deu errado e, se puder, evite que alguém cometa equívocos semelhantes ao seu. Por tudo isso, meu caro, não lamente as decisões erradas que tomou. Certamente elas servirão para acrescentar algo ao seu processo de crescimento, de maturidade pessoal; experimentar uma decisão errada, sofrer um pouco suas consequências, pode servir para você acertar mais à frente, quiçá em uma fase mais importante da vida. Isso é parte do nosso crescimento. Ninguém acerta 100% das vezes!

Certa vez, fui ter com um amigo que me pedia ajuda na definição de estratégia do seu negócio de cosméticos. Após longas horas de conversa, conselhos e sugestões, ele, de coração mais aliviado, me questionou, comovido: *"Por que você faz isso? Por que um cara bem-sucedido como você deixa a sua casa, a sua família, as suas coisas para se deslocar até mim e me ajudar? Por que você faz isso pelas pessoas? Qual a razão? Isso é gratidão a Deus pela vida que recebeu?"*

Respondi-lhe: *"Certa vez um amigo me disse que Deus conhecia o meu coração desde menino e, por isso, resolveu confiar a mim o sucesso, afinal, Ele sabia que isso não me corromperia e, mais, sabia que eu poderia levar ao mundo minhas experiências para servir de farol a outras pessoas. Sim, justo o que você disse. O que faço é gratidão a Deus pela vida abençoada que recebi, pelo privilégio das vitórias que obtive."*

Estendi-me um pouco mais na resposta ao meu amigo: *"De que adianta ter vivido tantas experiências intensas se não as pudesse compartilhar com as pessoas que necessitam de ajuda e de esclarecimento? De que teria valido minha vida de superações senão pela oportunidade de compartilhar e auxiliar o meu próximo neste grande processo de aprendizado chamado Vida? Sim, isso é gratidão pela vida, isso é gratidão a Deus."*

Aliás, diante de tantas graças recebidas desde menino, talvez mesmo eu devesse, a cada empreendimento que eu me dispuser a abraçar, repetir ao Senhor as palavras de Banquo, general do exército do rei Duncan, da Escócia, personagens de Shakespeare em Macbeth: *"Se em tal terreno eu me der bem, vossa será a colheita"*.

Então, tenho por mim que uma experiência, qualquer que seja, é sempre colheita que pode nutrir a esperança de alguém, salvar uma vida, salvar negócios, salvar relacionamentos, dirimir problemas. Ninguém é mais inteligente do que ninguém, nem melhor nem pior que ninguém. O que nos diferencia uns dos outros são as experiências, os diferentes níveis de aprendizado. Por isso, costumamos engrandecer a experiência, a sabedoria dos mais velhos, a maturidade dos anos. E aqui abro espaço para mais uma observação: a de que a experiência dos mais velhos tem sido esquecida em nossa sociedade. Reparem que o termo "velho" praticamente foi banido do vocabulário corrente. Em seu lugar entraram "terceira idade", "melhor idade" e outros que tais... Hoje, parece ter mais relevância o que diz um rapaz de vinte e poucos anos do que alguém forjado nos anos.

Veja o que ocorre em muitas companhias, principalmente brasileiras. Com mão de obra jovem farta, **é comum** dispensarem, por "n" razões, quem beira os quarenta/cinquenta anos. Dispensar os veteranos, levar embora toda a memória do negócio, e botar a moçadinha recém-saída das faculdades é um erro recorrente e de consequências desastrosas. Sei de empresas que nem se dão ao trabalho de olhar currículos de candidatos seniores, ignorando o fato de que pessoas com mais de cinquenta geralmente se encontram no auge da capacidade produtiva e intelectual. Como empreendedor, no entanto, não sou contra os que chegam ao mercado de trabalho cheios de gás. Pelo contrário, durante toda minha trajetória sempre incentivei o primeiro emprego, a primeira jornada, o estágio profissionalizante. Por isso, afirmo que o ideal é conciliar gerações em todos os postos e tirar proveito das habilidades e competências de cada um. Esta é a chave, de verdade!

Há algum tempo ouvi falar sobre a experiência de um país europeu de colocar idosos e crianças em um mesmo espaço. O intuito era que se completassem, que os mais velhos gozassem da companhia sempre prazerosa das crianças; e os mais jovens apreendessem algo dos mais velhos. Dizem, a experiência foi um sucesso, e eu não duvido do quão importante é essa troca. Toda criança precisa da maturidade do mais velho e todo homem mais velho vai voltar a ser criança e querer retomar o tempo de infância, lúcido ou não. Imagino que quando a gente chega lá na frente, surja uma vontade natural de querer voltar atrás, talvez, porque chegamos tão cheios de responsabilidade, surrados pela vida. Talvez sintamos a falta do pensamento inocente que embalou nossos melhores anos, gostaríamos de estar destituídos da roupagem do ser humano maduro, sofrido. Por isso, tantos velhos ficam felizes na presença de uma criança, pois de certa maneira remonta a jovialidade que ele deixou para trás. No fim da vida, a gente quer estar em outro, quer ser a pessoa outra e quando a gente vai conquistá-la voltar a ser o que era e estar onde estava.

Eu próprio sempre decidi beber da fonte dos mais velhos e de suas experiências. Tive dois conselheiros sábios como só os que envelhecem bem sabem sê-lo. Um deles me acompanhou durante uns doze anos na empresa. Estava ao meu lado *all the time* e me deu igualmente conselhos preciosíssimos. Como vice-presidente de uma montadora de veículos nos EUA, Argentina e Brasil, formara diversos executivos de ponta. Humilde, nunca me deu conselhos profissionais por considerar que as minhas características como executivo eram melhores que as dele próprio. O que ele me presenteou foi com conselhos-chave, conselhos que pesaram muito quando, anos mais tarde, decidi trocar a oferta bilionária de uma grande companhia pela minha família. Pai de três filhos igualmente bem-sucedidos, este amigo, um dia, desabafou, entristecido: "Fabio, não cometa o mesmo erro que eu cometi. Materialmente, dei tudo do bom e do melhor a meus filhos. Nunca lhes faltou nada. Em troca, escutei deles que, apesar de todo conforto material, sempre fui um pai ausente..." Aquelas palavras de pesar permaneceram em minha mente e, anos depois, tiveram o seu peso, me fizeram repensar a qualidade da relação que estava mantendo com os meus filhos.

O segundo sábio conselheiro me acompanhou nos últimos três anos da empresa. Era muito mais velho que eu; podia ser meu pai. Inquiriu-me um dia: *"Fabio, por que quer vender sua companhia? Quer ficar rico, ganhar muito dinheiro, aproveitar a vida enquanto é jovem?" "Não"* – lhe respondi. *"Preciso vendê-la por minha família. Preciso resgatar a minha vida."*

Surpreso, insistiu: *"Tem certeza disso? É por isso mesmo, pela sua família, que quer vendê-la?"*.

"Sim", respondi. *"Preciso estar mais próximo dos meus filhos."* E ele: *"Então, vou ajudá-lo."* Esse meu conselheiro mostrou ali a disposição em me ajudar por ver sinceridade em minhas palavras. De verdade, minhas intenções passavam longe da ambição e dos

prazeres que aquela venda poderia proporcionar a um homem com a minha jovialidade.

Por tudo isso, asseguro a você, leitor, jovem ou velho, que suas experiências certamente serão muito importantes para alguém que está vivendo exatamente o que você viveu. Então, seja grato, apresentando ao próximo as alternativas que encontrou para enfrentar suas “tempestades”. E, passado o furacão, sempre reflita sobre elas. Pode acreditar que muito do que você está lendo aqui são coisas sobre as quais não pensei de antemão, e agora que as elaboro para transformá-las em conteúdo deste livro é que me dou conta da riqueza que contêm – ou seja, só graças ao fato de eu expressar o que penso é que tudo o que aqui escrevo se torna de alguma maneira assimilável por você, e ainda mais palatável e profícuo para mim. Agradeça mais do que pede. E **compartilhe experiências**, sonhos, conquistas...

> *“Senhor, obrigado pela minha vida, pela minha história, pelos meus feitos, pelas minhas vitórias porque elas me ensinaram a ultrapassar o que naquele momento era intransponível, mas, certamente, muito obrigado especialmente pelas minhas derrotas porque elas me fortaleceram e porque na estrada da persistência elas me ensinaram a seguir pelos caminhos certos.”*

Capítulo XII

PERSISTÊNCIA

Chave 12: Não existe barreira intransponível.

"Uma pedra intransponível para o pessimista é uma pedra de apoio para o otimista."
Eleanor Roosevelt[12]

Sempre digo que o homem sem esperança não tem nada. Literalmente nada! Retire do homem a esperança e ele certamente se verá perdido. Mesmo quando parece não haver mais nada em que acreditar, é preciso confiar que a mudança é possível, manter viva no coração a certeza de um amanhã melhor. E isso é possível quando cremos que nada nesta vida é definitivo. Não é força de expressão dizer que não há bem que sempre dure, nem mal que nunca acabe. Definitiva, apenas a morte; ela é a única certeza inexorável, e da qual não teremos como escapar. No mais, há que se confiar de que para tudo existe saída. A fé leva à esperança e a esperança alimenta a fé.

12 **Anna Eleanor Roosevelt** (1884-1962), esposa do presidente Franklin D. Roosevelt, mudou o papel de primeira-dama por meio de uma participação ativa na política americana. Apoiou a política do New Deal, criada pelo marido, e tornou-se grande defensora dos direitos humanos e das mulheres. Após a morte de Roosevelt, em 1945, Eleanor foi nomeada, pelo presidente Harry Truman, diplomata e embaixadora dos Estados Unidos na ONU, entre 1945 e 1952, onde presidiu a comissão que elaborou e aprovou a Declaração Universal dos Direitos Humanos. Mais tarde, na administração de John F. Kennedy, liderou a Comissão Presidencial sobre o Status da Mulher, que deu início à segunda onda do feminismo.

Temos de ter a consciência de que as provas da vida virão e o deserto da nossa jornada estará logo ali adiante. Por vezes nos encontramos em situações difíceis, acuados, sem esperança de reverter o quadro negativo em que estamos. Cedo ou tarde passaremos por grandes provações, e a vida nos forçará a tomar decisões difíceis. Isto é inevitável. Um dia ou outro enfrentaremos um problema de saúde conosco ou com um ente querido, passaremos por dificuldades financeiras, enfrentaremos – ou veremos alguém muito querido enfrentar – vícios como álcool, drogas, sexo, consumismo, etc., colocaremos em xeque nossa relação de marido e mulher, de pai e filho, de mãe e filha e vice-versa, enfrentaremos o desemprego, a solidão, o preconceito.

E esses embaraços da vida produzem dois tipos de pessoas: **os que desistem e os que perseveram**. Os primeiros se encolhem, se apequenam diante do problema, se deixam levar pelo medo e perdem a oportunidade de crescer, de amadurecer como pessoa e de fortalecer, consolidar suas relações. Perseveram os que levantam a cabeça, enfrentam as desilusões e, por isso, saem dessas provações mais fortes, mais preparados, mais aguerridos. Esta é a hora em que precisamos pôr em prática a arte de decidir. Decidir mudar o curso, decidir seguir em outra direção, decidir buscar alternativas porque os problemas não se resolvem por si só; eles dependem da nossa iniciativa de decidir mudar. Dependem mais do que nunca de ter esperança.

Ter esperança fortalece a certeza de conseguirmos algo que vislumbramos estar lá mais adiante, embora nossos olhos não o alcancem. A esperança nos mantém firmes porque nos aproxima daquilo que esperamos, nos faz erguer a cabeça de forma a manter os olhos mais à frente, vislumbrar saídas para o que naquele momento parece impossível, irremediável, nos ajuda a decidir com mais coragem e confiança. Ter esperança é contrariar o racional e deixar o momento adverso para trás. Quantas vezes você já se viu em uma situação completamente desfavorável, desvantajosa, e lá no fundo sentia ser possível vencê-la? A esperança conforta! Desesperançados, podemos desistir, abrir mão da possibilidade de vencer e, então, jamais saber o sabor da superação daquele obstáculo. A falta de esperança nos retira a confiança de tomar uma decisão que julgamos a mais acertada no momento.

Não ter esperança significa abrir mão do direito de sonhar e da possibilidade de se fortalecer. Essa qualidade de manter viva a chama da esperança é o que chamo de persistência, ou, num grau maior, de resiliência. Nem uma, nem outra é exercício fácil. Fácil é trocar a esperança e a perseverança pela desistência, pelo derrotismo. Mais fácil desistir do que persistir. Quem tem esperança confia no que ainda não é possível enxergar, mas que, no fundo da alma, acredita, confia que está lá.

> *"Pois nessa esperança fomos salvos. Mas esperança que se vê não é esperança. Quem espera por aquilo que está vendo? Mas, se esperamos o que ainda não vemos, aguardamo-lo pacientemente."* Romanos 8:24-25

Certa vez, nossa empresa passava por grande dificuldade financeira. Já de porte razoável, empregava 400 colaboradores. Decidimos buscar ajuda e contratamos uma consultoria em estratégias empresariais para um diagnóstico, para identificar os gargalos e propor melhorias. Dois meses de trabalho, os especialistas agendaram reunião comigo e Maristela para apresentar o resultado da consultoria.

Primeiro vale dizer que os consultores eram altamente qualificados, ambos com vasta experiência profissional, um na área financeira e outro na contábil. Após apresentarem o diagnóstico, foram categóricos:

"A melhor saída é fecharem a empresa. Não existe opção. Melhor fechá-la agora do que aumentar o prejuízo. Isso se tornará insustentável... Não há mais solução."

Taxativos, concluíram que **deveríamos encerrar a empresa**, afinal, todos os dados indicavam que a companhia não sobreviveria mais um ano. Isso mesmo, um ano!

Pode imaginar como Maristela e eu nos sentimos? Atônitos, atordoados, foi pouco. O sentimento era de desespero, frustração, angústia, indecisão. Dez anos dedicados à empresa para terminar assim? Vamos fechá-la? E os quatrocentos pais de família que trabalham conosco? O que faremos das nossas vidas? E nossas obrigações, nossos compromissos? Como pagar as dívidas? Como pagar a rescisão de todos os funcionários? Muitas dúvidas e uma sensação de impotência total. Dez anos dedicados àquilo tudo, tanto sacrifício para não chegar a lugar algum. Perplexos, agradecemos os consultores e lhes pedimos que nos deixassem a sós. A portas fechadas, choramos, nos abraçamos e choramos novamente. Maristela e eu, dois jovens empresários, nos vimos diante do maior desafio de nossa jornada profissional até ali: **desistir ou persistir?**

Os consultores não estavam errados. Friamente, os números levavam à conclusão de que o negócio se tornara insustentável. A expertise e a imparcialidade dos especialistas fizeram com que chegassem àquela conclusão, correta, sem dúvida, mas meu coração discordava do veredito. Algo em mim me dava a certeza de que venceríamos mais aquela "pedreira". Era a minha **esperança** contra todas as evidências, contra toda a lógica. Era preciso, sim, encarar a realidade dos fatos, levantar a cabeça e seguir em frente. Matematicamente, racionalmente, sim, era impossível reverter a situação, não fosse um "pequeno" detalhe: **a vida não é uma ciência lógica**!

Embora não fosse possível saber como, tanto Maristela quanto eu acreditávamos ser possível sair daquela situação crítica. Mais uma vez, cruzaríamos juntos a fronteira do impossível, com perseverança, vivendo um dia de cada vez. A esperança foi nossa energia, e a perseverança, o motor. Não nos desmotivamos um segundo! Era Maristela a me animar, era eu a encorajá-la. Juntos, cultivamos a fé, a esperança, perseveramos, e juntos vencemos, afinal, **não há barreira intransponível!**

> *"(...) a fé é a certeza daquilo que esperamos e a prova das coisas que não vemos."*
> *Hebreus 11:1*

Começamos por fazer muitos ajustes na companhia. Tomamos decisões dolorosas. Despedimos pessoas pelas quais tínhamos muito carinho, muito apreço. Sofremos muito. Enxugamos o quadro, reduzimos as despesas, recuamos dez passos. Em nenhum momento duvidamos de que superaríamos as dificuldades. Era só **levantar a cabeça e seguir adiante**.

Dois anos depois desse episódio, 2012, como já lhe contei antes, nossa empresa figurou em quinto lugar na lista das que mais cresceram no País. No ano seguinte, foi considerada a primeira desse mesmo ranking da Revista Exame PME, publicada pela Editora Abril. Elevamos o faturamento a patamares impressionantes, e um conjunto de circunstâncias acabou nos colocando numa seleta lista de empresas desejadas por fundos de *Private Equity*. Cinco anos após nos vermos diante do dilema sobre a decisão de **desistir ou persistir**, vendemos a companhia e garantimos nossa independência financeira. Seguramente valeu a pena ter fé, manter viva a chama da esperança em dias melhores.

Hoje, quase dez anos depois, fico imaginando que curso teria seguido a minha vida se tivesse me rendido aos conselhos matemáticos, racionais, da consultoria. O que teria sido de mim, da minha família, das famílias de nossos colaboradores se eu tivesse me deixado render por aquele mau momento pelo qual a empresa passava? E se minha decisão fosse desistir e fechar a empresa? Como seria se não tivesse persistido nos caminhos que o meu coração teimava em mostrar como possíveis? Como eu disse, são as provações da vida que nos tornam seres mais fortes e mais preparados para o futuro. Quem não persevera não alcança! Quem não alcança não vence e quem não vence não se fortalece.

> *"Meus irmãos, considerem motivo de grande alegria o fato de passarem por diversas provações, pois vocês sabem que a prova da sua fé produz perseverança. E a perseverança deve ter ação completa, a fim de que vocês sejam maduros e íntegros, sem que falte a vocês coisa alguma." Tiago 1:2-4*

Por isso, meu amigo, quando estiver diante de um problema que lhe pareça intransponível, seja de que natureza for, não se deixe abater. Treine sua mente para que enxergue mais adiante do que seus olhos podem enxergar. Pare, respire, faça uma introspecção, uma oração, uma reflexão; escute a voz do coração. Unido ao grande Empreendedor da Vida, seguro na fé, você encontrará as respostas às suas angústias e aflições, e encontrará pistas sobre qual rota seguir. É nos momentos de turbulência que temos de buscar a tranquilidade necessária a uma boa decisão. Tomar decisões no desespero só nos levará a caminhos equivocados. O desespero cega, paralisa, não nos deixa vislumbrar alternativas. Decida perseverar em seus propósitos, vença!

Assim fizemos. Paramos, suplicamos ao Conselheiro dos conselheiros, assimilamos a situação, buscamos equilíbrio para tomar as decisões e continuar percorrendo o caminho que acreditávamos ser o mais acertado. Vencemos, saímos fortalecidos e mais preparados para enfrentar tantas outras dificuldades que apareceram nos anos que se seguiram. Diante de todas elas, sempre nutrimos no coração a esperança. A esperança é como uma cortina transparente que nos permite desvendar um amanhã melhor. Por isso, persista! **Não existe barreira intransponível.**

Capítulo XIII

LIDERANÇA

Chave 13: Nenhum líder é unânime.

"A primeira qualidade de um comandante é cabeça fria para receber uma impressão correta das coisas. Não deve deixar-se confundir, quer por boas, quer por más notícias."
Napoleão Bonaparte[13]

Um dos temas mais discutidos no mundo dos negócios é liderança. Aliás, em qualquer empresa preocupada em manter-se competitiva, não existe reunião de conselho em que o tema 'desenvolvimento de liderança' não esteja em pauta, afinal, liderança e retenção de talentos estão intimamente atreladas. As empresas perscrutam o tema porque sabem que uma das principais ferramentas de retenção dos melhores talentos é a liderança inspiradora. Em tempos de escassa mão de obra qualificada e crescente disputa pelas melhores cabeças, reter bons profissionais passa necessariamente pelo desenvolvimento de líderes, pois a eles cabe a manutenção de um clima de harmonia, cordialidade, crescimento, produtividade, etc.

13 **Napoleão Bonaparte** (1769-1821) foi imperador da França entre 1804 e 1814 com o título de Napoleão I. Líder político, ditador e comandante do Exército francês, entrou em guerra com várias coligações militares lideradas pela Inglaterra e conquistou grande extensão territorial, incluindo Itália, Países Baixos, Polônia e diversos principados da Alemanha. Em junho de 1815, seu exército foi definitivamente derrotado, na batalha de "Waterloo", por tropas estrangeiras coligadas e comandadas pelo inglês Duque de Wellington. Napoleão foi o militar que mais venceu batalhas no mundo (56); em segundo lugar está justamente o Duque de Wellington, considerado um gênio em estratégia e um dos grandes líderes britânicos, com 36 vitórias.

Como disse, não sou afeito a teorizar, não especulo sobre o que não sei, não faço conjecturas sobre o que não vivi. Sei, contudo, que muitas pessoas opinam e se metem a desenvolver teses, teorias, sem ter tido qualquer experiência no assunto. O que não falta no mundo corporativo é palpiteiro. Por isso, teorias à parte, sinto-me confortável o bastante para compartilhar com você, leitor, minha experiência na complexa arte de liderar. Liderança é algo nato. Difícil ensinar alguém que não é líder por natureza a liderar. Ele até pode exercer uma função de comando, mas liderar é outra história.

Mas, então, é impossível desenvolver um espírito de liderança ou tornar-se um grande líder? A resposta é não! Minha experiência me deixa convicto de que, em muitas pessoas, o espírito de liderança existe, mas não foi suficientemente despertado, por isso, sim, pode ser desenvolvido. Aprende e absorve a natureza de líder aquele que já tem dentro de si o espírito da liderança. Bom lembrar que ser líder não se resume a exercer uma função de comando. Isso qualquer um pode fazer. Quantos treinadores de futebol são extremamente táticos, conhecem sobre técnica, preparação física, mas não têm o verdadeiro espírito de liderança? Quantos professores, quantos pais não lideram os seus alunos, os seus filhos ou se fazem líderes pela autoridade, não pela liderança em si? Quantos presidentes, diretores ou gerentes ocupam altos cargos de comando, mas passam longe do verdadeiro espírito de liderar? O fato de ocuparem esses cargos não lhes tira o mérito ou a condição de estarem lá, porém, ser líder no sentido nato é bem diferente disso.

Ser líder é carregar a liderança no espírito; é ser capaz de chamar para si a responsabilidade, especialmente em momentos decisivos, assumir tarefas complexas, se motivar e motivar os subordinados. O líder tem o dom da palavra, o dom da comunicação, o dom de fazer com que as pessoas sigam seus ideais e seus propósitos. Isto pode ser desenvolvido, não ensinado. Ao líder a autoridade é inerente, e o respeito pelo que diz e faz chega a ser automático. Carismático, as pessoas o seguem porque acreditam naquilo que ele diz, naquilo que ele se compromete a fazer, porque ele faz. O líder sabe ser conselheiro, amigo, pai, mãe, chefe. Sabe equilibrar as relações, as decisões, sabe a hora de puxar a orelha e a hora de elogiar. A arte de decidir está em não se deixar influenciar pelas circunstâncias ao seu redor. O processo de decisão exige frieza e racionalidade.

O carisma, esse, sim, um verdadeiro dom, confere o tom e a leveza certos às palavras, cativa, e as pessoas se sentem confortáveis de estarem e permanecerem ao lado. Carisma não é técnica, não se ensina, não se aprende, não está nos manuais corporativos. É inerente ao espírito porque é riqueza, é dádiva!

> *"Porque quereria que todos os homens fossem como eu mesmo; mas cada um tem de Deus o seu próprio dom, um de uma maneira e outro de outra." 1 Coríntios 7:7*

Primeiramente, precisamos liderar a nós mesmos, ou não podemos liderar ninguém. Liderar-se a si próprio é manter o sangue frio, o domínio diante de situações adversas e não se deixar impregnar por fatos que interfiram no processo decisório. É estar convicto de onde se quer chegar e o que é preciso ser feito para atingir o objetivo.

Ao deixar o comando da empresa, fiz um pronunciamento de despedida aos meus líderes, primeiro para os mais de sessenta membros da diretoria, superintendência e gerência executiva, e, depois, para cerca de quatrocentas pessoas, entre gerentes operacionais, coordenadores e supervisores. Confesso que só ali, na despedida, me dei conta da dimensão do trabalho de liderança que fora exercido por mim. Durante meu pronunciamento, do alto do palco, pude ver o brilho nos olhos daqueles profissionais. Alguns eu ainda podia reconhecer, até mesmo chamar pelo nome. Infelizmente não mais conhecia a todos, mas todos me conheciam. Muitos ali haviam começado de baixo na empresa, entraram como operadores; tive a honra de colaborar diretamente para o seu processo de desenvolvimento, os vi crescer a ponto de serem capazes de, disseminando conhecimento, formar novos talentos em liderança.

Ao terminar minha explanação, aqueles que haviam trabalhado diretamente comigo vieram para agradecer, com lágrimas, com emoção. Agradeceram, sobretudo, pelo período em que estivemos juntos, pela oportunidade de crescer e de se desenvolver ao meu lado. Eu não esperava isso. Segurei as lágrimas, mas meu coração desabou.

Durante os cinco anos que se seguiram à venda da companhia, decidi não desenvolver nenhuma atividade empresarial. Muitos líderes de minha empresa entravam em contato comigo, queriam saber o que eu "andava fazendo", insistiam que gostariam muito de voltar a trabalhar comigo. Até hoje, quando tenho a chance de conversar com alguns deles, ainda escuto que torcem pelo meu retorno ao mundo dos negócios no Brasil para voltarmos a trabalhar juntos.

Por que meus executivos me seguem? Por que essa fidelidade tantos anos depois? Não tenho uma resposta fechada, mas com certeza uma das coisas determinantes foi o fato de eu sempre agir com a máxima lisura, verdade, transparência e autenticidade. As conversas eram muitas vezes duras, mas honestas. Quando tinha de demitir alguém da liderança, este líder já sabia o porquê de seu desligamento. Sempre trabalhei por princípios e como esses princípios eram bem assimilados por líderes e liderados, não havia surpresas. Aquele que destoava, que se distanciava dos valores, da filosofia de nossa empresa sabia não mais ser possível manter-se naquele ambiente. Sempre fui muito claro a respeito desses valores. Jamais, jamais, deixei de cumprir uma palavra, uma aposta, uma promessa, um desafio, um compromisso. E jamais deixei de apoiar meus liderados em suas decisões.

Certa vez, um grupo de supervisores entrou em minha sala para propor uma campanha para atingimento de metas. A campanha envolveria bônus em dinheiro. Pois bem, eu lhes disse, dinheiro por dinheiro não cria comprometimento algum. Ajuda, é verdade, mas o que podemos fazer de algo mais para estimular a competição?

Foi então que, num estalo, disse a eles: *"Desafio aceito, metas calibradas. Se vocês cumprirem os objetivos, vão colocar um bom dinheiro no bolso, mas e eu? Se vocês perderem, o que eu ganho nesta aposta?"*

Pensaram, pensaram e me disseram: *"O senhor escolhe."*

Instintivamente, propus: *"Se perderem, quero todos vocês plantando bananeira no site de operações."*

E eles a mim: *"Ah, isso não, doutor..."*

Convicto, continuei: *"Quem é líder assume a frente, demonstra coragem, ousadia, não teme desafios, não tem medo de decidir. Se cumprirem os objetivos, vocês levam o bônus e eu planto bananeira, literalmente vou andar de mãos no chão e pés para o alto, no meio da operação."*

Surpresos com o ineditismo de minha proposta, aceitaram-na de imediato. A notícia do meu inusitado desafio correu pela empresa, e por onde eu passava meus operadores balançavam os dedos num gesto imitando minhas duas pernas para cima. A empresa inteira abraçou o desafio. Todos ali deram o sangue para me ver plantando bananeira! O resultado foi um espetáculo! Explodimos a meta!

O que quero dizer ao contar esse episódio é que um líder de verdade nunca pode pedir ao liderado algo impossível de fazer ou algo que ele mesmo não tenha condições de executar. Ser criativo, participativo, ousado, andar lado a lado com a equipe são condições elementares de uma boa liderança. O respeito e a admiração nunca são impostos; são conquistados. Este episódio nunca foi esquecido. Virou lenda. Mesmo as lideranças mais novas queriam saber de mim e dos veteranos se aquilo tinha realmente acontecido.

Quanto mais autêntica, mais natural, coerente, correta, for a sua postura, mais fácil será o exercício de liderar. Seus feitos, suas atitudes, suas ações lhe dirão o quanto as pessoas estarão dispostas a segui-lo ou não. Você não precisa sair plantando bananeiras por aí, todavia, cumpra o que se propuser a fazer, dê o exemplo, seja autêntico, leal, sincero. E, para não se frustrar, lembre-se sempre: jamais um líder será unanimidade! Nem o maior deles o foi!

Capítulo XIV

O 'NÓS' É MELHOR DO QUE O 'EU'

Chave 14: Seja sensato.

"As pessoas sempre chamam de sorte quando você agiu com mais sensatez do que elas."

Anne Tyler[14]

Reconhecido como empreendedor bem-sucedido, invariavelmente alguém quer saber "qual o segredo do negócio". Digo sempre que é uma combinação de fatores que não são descritos em um manual de *business*, mas se eu pudesse citar uma qualidade como condição "número um" para o sucesso em qualquer domínio da vida, certamente diria: a SENSATEZ! Porque fazer negócios não é tão difícil assim! Difícil são as pessoas! Sim, o ser humano tem por natureza o dom de complicar as coisas, de interferir ou influenciar de maneira nada positiva em momentos de tomada de decisão. À maioria de nós falta sensatez!

Se você ler com carinho a Bíblia, vai encontrar lá conselhos sobre como agir nos mais diversos momentos de sua vida. Pode até

14 **Anne Tyler**, romancista norte-americana, contista, membro da Academia Americana de Artes e Letras e crítica literária. Vencedora do Prêmio Pulitzer de Ficção (1988), pelo romance *Breathing lessons*, em que celebra os pequenos milagres e a magia de realmente conhecer alguém. Desdobrando-se ao longo de um único dia emocionalmente carregado, este romance impressionante abrange uma vida de sonhos, arrependimentos e acertos de um casal, junto há 28 anos.

parar de consultar manuais de autoajuda. Está tudo lá. Por isso, não apenas ao longo de minha vida, mas principalmente em minha jornada de empreendedor, sempre me guiei pela Palavra daquele que foi o maior dos empreendedores. E ela recomenda bom senso, ponderação, equilíbrio e prudência. Em uma palavra: sensatez. Quem usa de sensatez decide com sabedoria. Em muitas de suas passagens diz-se, com clareza, que, sozinho, ninguém chegará a lugar algum; se chegar, estará acompanhado tão somente da tristeza que advém da solidão.

Egoísmo, egocentrismo e vaidade são características frequentes nas corporações e não se restringem apenas aos que ocupam altos cargos. Quer um exemplo? Dê poder a alguém e logo esse alguém se reveste de uma autoridade além da que realmente recebeu; envaidece-se, extrapola a esfera para a qual foi investido de poder e, dominado pela arrogância, toma decisões. Cada um no seu quadrado tem um pouco – ou muito – desses defeitos. Poucos são os que pensam no coletivo. De modo geral, o ser humano não gosta de ceder. E aí é que se encontra o grande dilema, tanto no mundo do trabalho, como no âmbito privado, na roda de amigos, nos relacionamentos em geral. Cada um defende o seu e não se chega a lugar algum. Avança-se pouco em acordos conjugais, em fechamentos de negócios, em reuniões de condomínio porque cada um se agarra ao seu ponto de vista, não abre mão do interesse individual, olha unicamente para o próprio umbigo. Posiciona suas decisões unicamente a favor do seu "eu".

Um sujeito assim, "umbigocêntrico", de egoísmo exacerbado, não balanceia as relações e dá valor somente ao seu interesse pessoal. A presunção o faz subestimar a outra parte da relação. E quando isso acontece, há noventa por cento de chance de as coisas saírem errado, afinal ninguém gosta de ser subestimado em uma negociação, em um diálogo, em uma relação qualquer que seja. Aos egoístas falta sensatez. E, como disse, **sensatez é o segredo do negócio**, de qualquer relacionamento, comercial ou pessoal. Tomo como norte a célebre frase de Aristóteles: *"O ignorante afirma, o sábio duvida, o sensato reflete"*.

O homem sensato reflete a respeito das circunstâncias, avalia o próprio comportamento, o próprio eu e, por isso mesmo, dificilmente mete os pés pelas mãos, seja numa negociação, seja numa conversa sem grandes pretensões, seja numa decisão importante. Tem por prática avaliar bem o peso das palavras, as atitudes, conhece-se a si mesmo e consegue identificar os pontos a serem aperfeiçoados, pontos que o ajudam a levar a bom termo uma negociação qualquer. Seria o que Ortega y Gasset define como *"saber a que se ater"*, ou seja, preocupar-se com o que tem de se preocupar, e dar o real, o merecido valor às coisas, nem mais nem menos.

Sempre encarei os negócios como um trato simples – independentemente da sua representatividade financeira. Fechei contratos de milhões de reais sem ter como foco apenas o valor final. Garanto que receberam a mesma importância que a de uma contratação, por exemplo, de um serviço de manutenção para minha residência. Primo pela praticidade em detrimento da dificuldade. Num processo negocial, meu empenho é para descomplicar. E esta é outra chave do sucesso: a assertividade. Não é possível ser assertivo e egoísta ao mesmo tempo. Nada de blefes, nada de surpresas, cartadas, 'carteiradas'. Sabe a tal 'carta na manga' que muita gente saca quando esgotados os argumentos numa negociação – *seja na vida conjugal, familiar, de amizade ou no ambiente corporativo*? Não. Comigo todas as cartas estavam o tempo todo à mesa. Quem guarda carta na manga nunca revela as reais intenções, e neste ponto é que as coisas podem começar a azedar, pois sinalizam falta de transparência, ausência do desejo de dividir e desrespeito. Geralmente é o cara que fica ali levando ao limite o parceiro, esperando que ele entregue os pontos. Espera vencer pelo cansaço.

Nunca agi assim. Tenho como lema dividir para, no futuro, somar. Ceder quando necessário, somar sempre. Dos meus fornecedores sempre exigi o melhor em produtos e serviços e o melhor preço. Se havia uma concorrência entre dois ou três fornecedores, esperava que cada um deles me apresentasse o melhor já na primeira oportunidade da negociação. Se outro me oferecesse uma melhor oferta, ela se sobreporia à outra. Ao vencido na concorrência não havia oportunidade de oferecer uma segunda oferta ou de reajustar o preço final, ou seja, ele voltava para sua empresa sem o contrato fechado e com a sua 'carta na manga' no bolso. Se havia como ajustar o preço numa segunda rodada, por que já não o fez na primeira? Simples, porque chegou à mesa de negociação decidido a levar vantagem. Se colar, colou. Quando eu era o prestador de serviço, a minha área comercial fazia o melhor que podia em termos de preço. Fazíamos questão de abrir ao cliente os números da operação, demonstrávamos os custos e estabelecíamos uma margem de preço *fair*. Preço é preço e ninguém faz milagre. O certo é o justo, e vice-versa!

Na relação com os funcionários, igual transparência e simplicidade. Exigia-lhes postura, verdade e lhes devolvia o mesmo. Tinha como política o coletivo, não o individual. Combinado era combinado. As discussões podiam ser duras, acaloradas, mas primavam pela verdade, pela transparência e pela assertividade. Nas relações pessoais, fora do ambiente corporativo, a mesma política. A verdade diminui eventuais diferenças entre as pessoas e torna mais simples, mais suave, o processo de decisão em seus relacionamentos.

O egoísmo, o individualismo, a popular Lei de Gérson *(sempre levar vantagem em tudo)* não têm vez com quem quer firmar algum tipo de relação comigo, dentro ou fora do trabalho. O termo 'ganha-ganha' é bastante batido no mundo corporativo, mas o tenho como norma. Sem transparência, sem honestidade, sem reciprocidade, todos perdem, mesmo que aparentemente ou num primeiro momento uma parte da relação acredite ter suplantado a outra!

Quando um casal tem qualquer divergência, se houver sobrepeso do ponto de vista de um sobre o outro, a discussão gerará estresse e, seguramente, abalará a confiança e o respeito que eventualmente nutram um pelo outro. Ao deixar de lado o individualismo para se abrir à ideia do outro, expor seu ponto de vista com sensatez, será possível chegar a uma decisão que favoreça a ambos. De quebra, a relação tende a se fortificar. Compreender e aceitar o outro, nas suas diferenças, nas suas especificidades é exercício diário. Na maioria das vezes um terá de ceder. Equilibrar essa equação entre recuar, ceder, avançar é sinal de amadurecimento. Pare, pense e reflita como se estivesse no lugar do outro. Faça com ele o que você gostaria que ele fizesse com você. Se da outra parte não houver a mesma compreensão e reciprocidade, não vale a pena prosseguir lado a lado porque isso quer dizer que alguém está querendo levar vantagem na relação, fazendo com que seu interesse prevaleça. Compreensão é o que leva ao bom senso, e o bom senso, a uma boa decisão.

Cheguei aonde cheguei, me esforcei ao máximo para não perder a sensatez, o equilíbrio e a prática da justiça. Minha premissa sempre foi dividir para, como disse, somar; ceder para vencer, sem cartas na manga, sem subterfúgios, sem pretender obter vantagem sobre quem quer que fosse. Certamente desagradei – quem sabe se mais do que agradei – porque não me permitia abrir mão do que achava certo, conveniente e justo. Nunca agi ao sabor das circunstâncias. Ninguém nunca vai ter aprovação de tudo e de todos, e no balanço da proporcionalidade, sairá mais vitorioso do que derrotado nos seus propósitos e intenções apenas quem opta pela sensatez. Tratei meus clientes, meus fornecedores, como trato meus amigos, minha esposa e meus filhos, ao julgo do que acho correto, e comprovo o que digo. Ser sensato e transparente com os outros significa ter diante de si um espelho a lhe revelar sua alma por inteiro, desnuda.

> *"Quem se isola busca interesses egoístas e se rebela contra a sensatez." Provérbios 18:1*

O egoísmo não agrega, afasta. A insensatez não ajuda, gera dúvidas, destrói relacionamentos. Por isso, meu leitor, tente ser mais transparente e verdadeiro nas suas atitudes e você se surpreenderá com os resultados. Não se tome como o centro de tudo. Não centralize, não controle, não subjugue. O 'nós' é mais importante do que o 'eu'. O Eu caminha só, por isso, se desgasta mais, e quando chegar lá – *se chegar* – muito provavelmente chegará com a língua de fora e um enorme vazio por dentro. **Seja sensato!** Os 'juntos' são sempre mais fortes do que os 'isolados'.

Capítulo XV

PESSOAS NO CENTRO DO UNIVERSO

Chave 15: O ser humano não é substituível.

"Ninguém nasce odiando as pessoas por causa da cor de sua pele, ou por seu passado, ou por sua religião. As pessoas aprendem a odiar e, se elas podem aprender a odiar, elas também podem aprender a amar, já que amar é um sentimento que vem com mais naturalidade ao coração humano do que o seu oposto."
Nelson Mandela[15]

O político sul-africano Nelson Mandela passou por muitos momentos de decisão antes de se tornar um dos grandes líderes mundiais do movimento negro. No julgamento que o condenou à prisão perpétua, por exemplo, ao invés de ter se declarado inocente e escapado do cárcere, decidiu não negar que lutava por uma causa contrária aos interesses da maioria. Entretanto, decidiu defender algo muito mais profundo do que apenas lutar pelos direitos dos negros contra a opressão dos brancos; decidiu manter-se fiel ao ideal de uma sociedade livre e democrática, na qual todos, de qualquer cor ou etnia, pudessem viver juntos em harmonia e com oportunidades iguais. Sabia ele, Nelson Mandela, que as pessoas estão no centro do Universo e que cada ser é insubstituível e de valor inestimável.

15 **Nelson Mandela** (1918-2013) foi presidente da África do Sul, líder do movimento contra o Apartheid - sistema instalado em 1948 pelo Partido Nacional e que segregava os negros no país. Condenado em 1964 à prisão perpétua, foi solto em 1990, depois de grande pressão internacional. Em 1993, Mandela e o então presidente sul-africano, Frederik de Klerk, assinaram uma nova Constituição sul-africana, pondo fim a mais de 300 anos de dominação da minoria branca. Em dezembro do mesmo ano recebeu o "Prêmio Nobel da Paz" por sua luta pelos direitos civis e humanos.

O mundo continua em intensas e incríveis transformações desde a revolução industrial. Todo dia algo novo chega para nos surpreender. Os avanços da tecnologia nos têm passado a impressão de que há sempre algo de novo no ar, no mundo dos negócios, no nosso dia a dia e, pasmem, no que diz respeito ao relacionamento com as pessoas – e é disso que quero falar um pouco agora. Concordo que a tecnologia mudou a forma de nos comunicarmos, mas não devia ter interferido tanto assim em nossas vidas e, especialmente, na forma como enxergamos os outros e como nos relacionamos.

As crianças de ontem conheciam galinhas, as de hoje conhecem iPads, iPhones. Sou da época das novelas de televisão; os meus filhos, dos episódios do YouTube. Para os meus filhos, não existe TV ou canais de TV, não existe programação televisiva; eles selecionam o que querem assistir e quando assistir. Não pensem que sou contra essa parafernália toda. Pelo contrário! Sempre fui um apaixonado por tecnologia. Particularmente, gosto de todos os *gadgets*, moro numa casa tecnológica, manipulo meus eletrônicos por comando de voz, jogo Fortnite, Call of Dutty, meus relógios monitoram meu sono, meus passos, meus exercícios. Sou cem por cento conectado 24 horas por dia. Quando aqui nos EUA lançam tecnologia nova, gosto de ir ao Best Buy ou à plataforma do Amazon para desvendar a novidade e bem provavelmente adquiri-la.

Há muito nutro essa paixão. Aliás, eu a vivi plenamente no ambiente corporativo já que nosso negócio era *contact center*. Nossa empresa estava assentada cem por cento em um ambiente de altíssima tecnologia. Eu monitorava de perto tudo o que de melhor aparecia para simplificar processos, agilizar contratos, armazenar dados: servidores inteligentes, links dedicados de internet, fibra ótica, cabeamentos de primeira linha, câmeras, sistemas de discagem de alto desempenho, robôs de monitoramento, enfim, tudo, tudo o que o mundo moderno podia me oferecer entre os anos 2010 e 2015 recebeu a devida atenção em minha empresa. Investir em alta tecnologia nos permitiu alcançar altíssimos níveis de desempenho e um distanciamento absurdo da concorrência em termos de resultados e eficiência. Trabalhávamos com inteligência artificial, estudos estatísticos a partir de análise de dados, enfim, tudo o que surgia prometendo impulsionar os negócios era rapidamente absorvido pela empresa, e isso lhe rendeu visibilidade e reconhecimento dentro e fora do País. Em 2012, fomos considerados *case* mundial de tecnologia em *collection* (recuperação de crédito) por um de nossos fornecedores americanos na utilização de suas plataformas.

Porém, sempre tive como certo que todo o êxito de minha empresa e do mundo não teria sido possível se não houvesse pessoas no centro desse universo em constante transformação. São elas que fazem tudo acontecer. Ninguém, ninguém mesmo vive só. Creio que a maior bênção da humanidade é justamente o fato de ser formada por pessoas. Uma pena que o próprio ser humano ainda não sabe ou pelo menos não valoriza isso. Você já reparou que muitas pessoas vêm até nós e se vão de nossas vidas e, muitas vezes, a gente mal tem tempo de saber-lhes o nome? Eu perdi a conta das que passaram por minha existência com alguma missão, cumpriram-na muitas vezes no silêncio, no anonimato próprio dos anjos e se foram para nunca mais.

Por isso, não tenho dúvidas: tudo o que conquistei devo, claro, à minha determinação, à minha força de vontade, mas também às pessoas que estiveram ao meu lado, na constância ou apenas de passagem. Sou grato ao Mestre dos mestres porque em nenhum momento me vi desamparado, desacompanhado... Desde os meus mais tenros anos, sempre, sempre, de algum jeito, pude contar com algum anjo por perto, e que, estou certo, foi colocado ali por obra divina. Minha primeira percepção dessa intervenção do alto veio quando perdi minha mãe. Eu já contei a você, leitor, que eu me vi sem chão ao perceber que aquele anjo de cabelos dourados, olhos do céu, não estaria mais por perto, aquele calor materno não mais me seria possível.

Naquele instante em que me vi sozinho, quem abriu os braços e me acolheu inteiramente como um filho foram meu irmão e minha cunhada. Sim, assumiram um papel fundamental na minha vida, me deram o suporte necessário para que eu pudesse chegar aonde cheguei. Sempre lhes serei grato. Eles não me deixaram desistir. Muitos outros anjos continuaram a surgir no meu trajeto, entre eles, a mulher que escolhi ainda muito jovem para companheira. Maristela sempre se manteve por perto e deu formas e concretude aos nossos sonhos de enamorados e continua a coroar de êxito os desejos deste sonhador irrecuperável.

Como empresário, devo muito aos meus funcionários, aos meus diretores, superintendentes, gerentes, supervisores, operadores, faxineiros, porteiros e seguranças. Aquela máxima do ambiente corporativo de que 'ninguém é insubstituível' é um dos grandes equívocos, a meu ver. Os cargos são insubstituíveis, estarão sempre lá, independentemente de quem os ocupe. As pessoas não. Elas não são substituíveis porque **cada ser humano é único em sua essência**, diferente de todos os outros. Cada ser humano é um universo único de sentimentos, de sensações, de talentos, de qualidades, fraquezas, inadequações, inquietudes, defeitos, manias... Ninguém é igual a ninguém. Tanto que, quando substituímos ou perdemos uma pessoa na empresa, nunca acharemos outra igual. Podemos substituí-la por alguém melhor, pior, com características até semelhantes, mas nunca iguais.

Pessoas dinamizam, fazem acontecer, fazem girar a roda dos negócios, dos relacionamentos, são como o motor, a 'tecnologia' da vida da qual ser algum pode prescindir. E, como tal, merecem a importância que têm para que tudo funcione, para que a comida chegue à nossa mesa, para que a água saia de nossas torneiras, para que o lixo de nossas casas seja descartado, para que a nossa saúde se mantenha, para tudo, tudo... Por isso, há que se ter expertise em gerir pessoas não apenas no mundo do trabalho, mas no cotidiano de nossas vidas comuns, ter habilidade para lidar com as vaidades, as diferenças, as qualidades, os defeitos, os melindres, as esquisitices. Tudo isso está em maior ou menor grau em nós mesmos e nos que nos circundam.

Um grande amigo, parceiro corporativo de longa data, com idade para ser meu pai, certa vez disse ter observado em mim uma característica que eu mesmo não havia me dado conta. Nosso relacionamento foi construído ao longo dos anos e eu o considero ainda hoje um dos meus grandes conselheiros empresariais e de vida. Então, desta certa vez, ele me disse que eu tinha uma qualidade que ele nunca observara nos executivos que estiveram sob seu comando nem nos colegas que com ele dividiam a mesma hierarquia.

Disse-me que eu tinha o dom de isolar os defeitos das pessoas e dar importância apenas às suas qualidades. Sinceramente, eu nunca considerara esta peculiaridade em minha personalidade até ouvi-lo. Instintivamente lhe respondi que a mim bastavam os meus defeitos. Eles já me davam trabalho enorme, por isso não me cabia vasculhar e apontar defeitos nos outros. A mim me interessavam as qualidades, os talentos dos que comigo trabalhavam porque eu conseguiria retirar o melhor de seu potencial, somar o melhor de cada um e transformar suas habilidades e competências em um bom resultado para a empresa e para todos os que ali trabalhavam.

A partir desta conversa vi que, de fato, eu estava mais atento às qualidades, às potencialidades, do que às deficiências dos que me cercavam. Redobrei a atenção. Meu velho amigo tinha razão. É comum concentrarmos o foco no que há de errado, no que não funciona, no que não serve, no que nos incomoda no outro. Posso afirmar de experiência que, se soubermos trabalhar com as pessoas, retirando delas o seu melhor, vamos nos surpreender com os resultados. Obviamente dei minhas cabeçadas, quer dizer, nem sempre fui um exímio observador das qualidades alheias e obtive êxito na empreitada. Acumulei algumas frustrações porque ou trabalhei com as características erradas dos indivíduos em questão, por não entender suas reais habilidades, ou superestimei suas capacidades em entregar o que eu já dava como certo. Nessa lida de tentativa e erro, meu propósito era evitar em minha empresa um erro muito comum em muitas outras: cérebros subutilizados ou mal utilizados!

O que quero dizer é que, se você estiver contando com a pessoa naquilo que você já sabe que ela não pode render, é decepção na certa. Não vai receber o que se espera dela; ela não conseguirá entregar o que lhe foi solicitado. Frustração para ambos. É questão de competência. Se você der a um professor de línguas um texto para ser redigido, ele fará isso com maestria, mas se você esperar que ele construa um racional matemático ou estatístico, ele provavelmente vai fazer feio. Isto não é um defeito dele, mas seu, que tentou extrair dele um conhecimento que ele não possuía. Parece óbvio, mas isso é o que mais se vê por aí em empresas e até no ambiente doméstico, com os filhos, com o marido, com a mulher. Estamos sempre à espera do melhor, exigindo muito. Todos temos qualidades, competências, talentos, bem como defeitos, inadequações, limitações. Que pai que não imagina o filho arrasando com a bola no pé, tocando um instrumento musical ou com nota máxima naquela disciplina da escola mesmo já sabendo que ele não leva o menor jeito para futebol e para música e odeia a tal matéria?

Agora, escrevendo aqui sobre tecnologia *versus* pessoas, me lembro de ter lido uma reportagem muito interessante sobre os fatídicos planos de carreiras "verticais" adotados em um sem número de companhias. É comum desconsiderarem as reais competências de cada um na equipe e criarem expectativas ilusórias de crescimento profissional nos funcionários. Faz sentido. Entre as muitas considerações, um dos entrevistados na matéria a que tive acesso questionava: quem disse que é melhor ser gerente do que vendedor? Quem disse que o gerente tem de ganhar mais que um ótimo vendedor ou que gerência é cargo superior ao de vendedor? Um plano de carreira não deve obedecer a uma linearidade visual, um após o outro, mesmo porque os diferentes cargos requerem habilidades completamente distintas. Por que não chamar um profissional de fora para um cargo, ao invés de seguir uma hierarquia interna de promoção? As pessoas podem ser mais felizes e mais produtivas justamente porque têm a satisfação de fazer o que gostam. Porém, o que normalmente se vê é o funcionário, cuja maior habilidade é vender, promovido a gerente de vendas porque é isso que consta no plano de carreira. Decisão errada! O resultado na maioria das vezes é desastroso: a empresa perde um ótimo vendedor e ganha um péssimo chefe. Promovido, não vai corresponder ao esperado dele no novo cargo e será demitido.

Certa vez, decidimos demitir um diretor, formado em Engenharia pela USP (Universidade de São Paulo) e por quem eu tinha grande apreço. A função que estava desempenhando não permitia que se aflorassem suas muitas qualidades. Inteligente, racional, tinha habilidades extraordinárias com números, carecia apenas de direcionamento. Acima de tudo era honesto, perspicaz, íntegro e extremamente disciplinado, como costumam ser os orientais como ele. Eu sabia o quanto ele podia contribuir, reconhecia o quanto poderia ser eficaz em nosso plano estratégico, mas, para minha sócia e os demais diretores, ele pesava no custo da companhia. A relação custo-benefício da sua entrega era ineficaz e, de maneira colegiada, decidiu-se pelo seu desligamento. Fui voto vencido. Passadas algumas semanas de sua demissão, ele me convidou para almoçar. Queria uma nova oportunidade de voltar à companhia. Revelou-me que em nossa empresa ele se sentia bem, admirava-me como líder, como homem, como empreendedor... E assegurou-me que podia continuar contribuindo conosco. Eu não duvidava nem um pouco disso, tanto que lhe pedi que confiasse em mim. Eu o traria de volta, porém, para outra função na qual eu tinha certeza de que sua colaboração seria realmente eficaz.

Pouco tempo depois, ao ter de decidir por novos rumos na companhia – vendê-la ou conseguir aporte de investimento estruturado de um fundo –, tomei a decisão de recontratá-lo como consultor. Estaria diretamente ligado a mim e a mais ninguém. Nos meus três últimos anos de empresa, passei mais tempo com ele do que com minha esposa e filhos e qualquer outro membro de diretoria da empresa. Orientei-o e tentei explorar ao máximo suas qualidades; deixei à parte suas limitações. A mim interessava apenas sua competência, que realmente me ajudou muito a levar a bom termo o meu plano. Como previ, ele não me decepcionou.

> *"Quanto ao mais, irmãos, tudo o que é verdadeiro, tudo o que é honesto, tudo o que é justo, tudo o que é puro, tudo o que é amável, tudo o que é de boa fama, se há alguma virtude, e se há algum louvor, nisso pensai." Filipenses 4:8*

Seu comprometimento, sua determinação, seu foco, sua vontade de aprender e, especialmente, sua humildade fizeram com que ele entregasse um resultado excelente, vital para o processo de organização e de apresentação da companhia aos investidores interessados. Estou certo de que sem a ajuda dele eu não teria conseguido. E se a minha decisão fosse valorizar os defeitos dele, ao invés de suas qualidades?

Saber reconhecer o que o outro tem de melhor é fundamental em qualquer tipo de relação. Se sob este prisma olharmos o ser humano sentado do outro lado da mesa, certamente evitaremos muitas decisões erradas, relevaremos muita coisa que nos incomoda no outro e, no mínimo, evitaremos desavenças ou o acirramento de conflitos. Iguais nunca seremos. Perfeitos, muito menos. Por isso, meu caro leitor, invista em tecnologia, conecte-se, sim, não fique à margem do mundo virtual, mas, sobretudo, continue a acreditar, a apostar as suas fichas, a dedicar sua atenção, seu foco nas pessoas com as quais passa muito ou pouco do seu tempo. Saber relacionar-se, enxergar o outro na sua essência, na sua singularidade, no que tem de mais íntimo, seja no ambiente de trabalho, seja no espaço familiar e social, esteja onde estiver, é garantia de uma vida mais plena e saudável. Gentileza, solidariedade, ternura têm a magia de cativar as pessoas. Essas virtudes nos igualam pelo melhor e nos deixam quase sempre rodeados de gente igualmente bacana, gente que nos ajuda a crescer em todos os sentidos! Como dizia Aristóteles, “todo ser se destina a uma finalidade, sua causa final é o Bem, sua plena realização”. Decida, pois, apostar no que sua gente tem de melhor. **Pessoas não são substituíveis!**

Capítulo XVI

A HUMILDADE ANTECEDE A HONRA

Chave 16: Transforme a inveja em admiração.

"Há uma inocência na admiração: é a daquele a quem ainda não passou pela cabeça que também ele pode um dia ser admirado."

Nietzsche[16]

Sim, pessoas não são substituíveis e cada uma é única em sua essência, em sua particularidade. Cada um de nós guarda características boas e ruins, e deixa muitas vezes aflorar mais umas do que outras... Somos cheios de imperfeição. Alguns defeitos falam mais alto que outros. Um em particular me incomoda porque é danoso, nocivo, até às entranhas, e nem sempre é fácil de identificar em nós mesmos.

Ah! A inveja! Quanta pretensão a minha discorrer sobre um dos sete pecados capitais. Que ousadia! Sinto-me, entretanto, no dever de falar a você, caro leitor, sobre aquilo que entendo como o mais nefasto elemento contra a prosperidade e, sem sombra de dúvida, contra a própria felicidade. Isso mesmo, contra a própria felicidade. Quero expor o que penso sobre a inveja, pois ela é parte dos sentimentos de muita gente, especialmente agora, em que todo mundo

16 **Friedrich Wilhelm Nietzsche** (1844-1900), escritor, poeta, filólogo e músico alemão, foi um influente filósofo alemão do século XIX, considerado um dos críticos mais agudos da moral, da religião, da tradição cristã e platônica e dos valores ocidentais. Acreditava que os pensamentos devem ser livres de qualquer forma de controle cultural e moral.

adora compartilhar em redes um novo amor, o sucesso no emprego, a viagem ou o carro dos sonhos, as festas e muitas outras conquistas nada virtuais que enchem de satisfação o nosso viver. E, ao mesmo tempo em que gostamos de expor nossas alegrias para os outros, também somos convidados a saber o que de melhor vem acontecendo na vida de nossos colegas, de nossos ex-companheiros, de nossos parentes, vizinhos... De alguma forma, o sucesso do outro incomoda você? Cuidado, então!

Já ouviu dizer que a inveja mata? Que a inveja seca? Que ela tem o poder de adoecer uma pessoa? Eu estou 100% certo disto! A inveja é poderosa e causa toda esta destruição, mas no invejoso, não no invejado. Ela afeta a prosperidade do invejoso por uma razão muito simples: ele não tem foco na vida dele, mas na vida do outro. Assiste a vida passar pela janela lateral, não pela janela da frente. Não enxerga as boas oportunidades que a vida lhe apresenta porque está de olho nas oportunidades, no bem ou na felicidade desfrutados por outra pessoa. Na sua cabeça martela uma dúvida constante: *por que ele e não eu?* O invejoso não vence e não prospera porque insiste em "viver" a vida do outro. É uma vontade indomável de se concentrar no outro e não nele mesmo.

Na minha vida sempre procurei tomar como fontes de inspiração os mais bem-sucedidos do que eu, especialmente aqueles que estavam próximos do meu círculo de convivência. Tinha admiração pelo seu sucesso. Achava incrível ver um advogado bem-sucedido, vestindo um terno bem alinhado com uma pasta de couro alemão na mão. Sentia admiração em vê-lo dirigindo um carro importado rumo ao melhor restaurante da cidade no intervalo do almoço. O sucesso de alguém me mostrava ser possível chegar lá. Era um parâmetro, a garantia de que existia, no meio da turbulência da desigualdade social e do competitivo mercado de trabalho, uma trilha que pudesse me levar até lá onde estavam os meus sonhos.

A admiração é fonte de inspiração, de sonho, de esperança. É como dizer: *se ele fez, talvez eu também possa fazer; se ele chegou lá é possível que eu também chegue.* A inveja, ao contrário. Ela faz o invejoso querer possuir o que é do outro. Ele foca **no que** alguém tem e não **no como** alguém faz, na qualidade com que desempenha ou desempenhou sua tarefa. Ele se revolta porque, de alguma maneira, não consegue, pela própria mão, tomar o que é seu, porque ele tem certeza absoluta de que aquilo deveria ser dele. Num desespero isolado e sombrio, pretende ser exatamente quem o outro é, usufruir exatamente do que o outro goza, ter exatamente o que é do outro. O outro tem qualidade que você ainda não tem, mas pode vir a ter, méritos que não alcançou, mas que pode muito bem alcançar. Considerar o outro superior a você não o inferioriza, não significa desmerecer-se a si mesmo. Mostra, ao contrário, que você admira seu próximo, valoriza o que o outro tem de melhor. Este é puro, o verdadeiro exercício da humildade; ter a capacidade de perceber e reconhecer no outro aquilo que lhe falta engrandece a alma.

> *"Nada façam por ambição egoísta ou por vaidade, mas humildemente considerem os outros superiores a vocês mesmos." Filipenses 2:3*

No Brasil, temos poucos ídolos e os poucos que temos não os tratamos com o devido respeito. Sempre reflito sobre o porquê disso... Talvez essa característica de desvalorizar o que temos de melhor venha da ausência de admiração. Mais que desvalorizar, o mais comum entre nós, brasileiros, é desprestigiar. Temos muitos heróis vencedores, gente que realizou feitos extraordinários nas suas empresas, nos seus consultórios médicos ou dentários, em escolas e até mesmo nos esportes; gente conhecida e anônima desempenhando muitas vezes um importante papel em nossa sociedade, mas a quem não prestamos atenção e sequer sabemos que existe. Eu poderia enumerar uma série de pessoas que fizeram coisas das quais podemos nos orgulhar. Em muitos casos, dizemos que foi sorte ter realizado tal coisa, ignoramos o mérito. E mais, olhe que estranho. Basta um desses profissionais que atingiram um ponto fora da curva fazer algo de negativo ou nada louvável em sua vida, que, bingo, lá estamos prontos para criticá-lo e a colocar nossos diversos *senões* no sucesso que já obtiveram. Parece que nos sentimos "vingados"!

Falta na cultura do brasileiro a admiração genuína, o reconhecimento a quem realmente merece. A admiração nos inspira a construir, a sair da zona de conforto, de buscar o algo mais que nos falta, de preencher as lacunas da nossa incompetência, de nos aprimorar. A inveja destrói, gera ódio, revolta e uma comparação que nunca se satisfaz. Por isso, o invejoso não prospera! E se de fato conseguir alguma coisa, nunca se sentirá feliz por não ter a capacidade de perceber a felicidade nas suas coisas, por não conseguir identificar a alegria ao seu derredor. Ele tem certeza absoluta de que a felicidade mora ao lado, não junto dele.

A admiração, ao contrário, nos faz enxergar a beleza das ações e nos dá a capacidade de contemplar, de valorizar e de absorver o que é bom. Até para admirar é preciso ter humildade, humildade para reconhecer que ali adiante tem alguém melhor do que nós, alguém mais dedicado, mais focado, mais aguerrido e persistente do que nós.

Quando jovem, eu era ávido por conversar e escutar as pessoas bem-sucedidas em minha área. Elas me inspiravam. Eu queria aprender com elas, queria ter a oportunidade de desvendar quais caminhos seguiram para encontrar o sucesso. Adorava absorver as histórias dos desafios superados. O invejoso não consegue enxergar isto. Ele faz questão de ignorar a fonte de inspiração que reside ao lado. Mais do que ignorar, simplesmente despreza o que poderia ser utilizado como fonte de aprendizado para chegar ao seu gol. O invejoso é capaz de vibrar com a derrota do outro porque simplesmente ele mesmo não é capaz de fazer algo de relevante.

Como na minha empresa eu estava no "topo da cadeia alimentar", observei muitas ocasiões em que imperava a inveja entre os que estavam abaixo de mim; não comigo exatamente, mas uns com os outros. Era quase que natural ver o semblante de desgosto, de ódio, de fúria até, de alguém preterido em uma promoção, ou mesmo quando algum colega recebia uma premiação de primeiro colocado numa campanha motivacional. Vi isto acontecer inúmeras vezes, assim como vi pessoas invejosas nunca atingirem uma primeira colocação. Na direção contrária desta esteira improdutiva, que é a inveja, vi muitos que cultivavam a admiração pelos mais bem-sucedidos chegarem a lugares muito mais prósperos do que os que eles admiravam.

Por isso, caro leitor, para ter sucesso sugiro que se decida pela admiração em detrimento da inveja. A inveja não deixa ninguém chegar a lugar algum. Pelo contrário, aumenta cada vez mais o abismo que o separa daquele que é invejado. A inveja colabora para o motor do insucesso de quem a nutre.

Busque pela admiração os caminhos para progredir. Pratique a humildade e decida aprender com quem já conseguiu fazer o que você ainda não conseguiu. As pessoas que de alguma maneira tiveram mais sucesso do que você em quaisquer das subclasses de sucesso – *tal qual abordamos* – certamente focaram nos seus objetivos sem se preocupar com o que acontecia na vida dos outros. Todos nós temos grandes exemplos de sucesso ao nosso lado.

Experimente trocar a inveja pela admiração e verá quanta diferença positiva em sua vida. Aprender com quem já fez é muito melhor do que não ter com quem aprender. Respeite a conquista do outro. Valorize o esforço alheio, contemple os *cases de sucesso* que estão na biblioteca da vida das pessoas que circulam ao seu redor. Seja altruísta. Tente estar em plenitude consigo mesmo. E, se precisar, transforme em admiração qualquer resquício desse sentimento nada altruísta, pois só assim conseguirá aumentar suas chances de êxito em qualquer empreendimento de sua vida.

"O coração em paz dá vida ao corpo, mas a inveja apodrece os ossos." Provérbios 14:30

Capítulo XVII

O FASCÍNIO PELO SUCESSO

Chave 17: A felicidade pode estar bem mais perto do que você imagina!

"A felicidade não depende do que nos falta, mas do bom uso que fazemos do que temos."
Thomas Hardy[17]

Acredite! O sucesso faz a gente sentir falta das coisas simples, e a simplicidade é a feição detalhada da felicidade. Quando digo o que penso sobre sucesso, eu, um homem bem-sucedido e que vivo em um mundo cheio de conforto, de comodidades, deixo as pessoas um pouco surpresas. É que fui galgando *step by step* os diferentes patamares de sucesso, e hoje, depois de ter conquistado muito mais do que almejei, tenho uma visão um pouco mais comedida do que seja realmente sucesso: definitivamente sucesso por si só não leva ninguém à felicidade.

Desde que o mundo é mundo, o homem persegue a felicidade, e tece suas considerações sobre o que realmente seja. Alguns acham que a obterão quando a aposentadoria chegar, outros, quando se formarem, outros, ainda, quando se casarem... Se repararmos bem, a

17 **Thomas Hardy** (1840-1928), arquiteto e romancista britânico, considerado um dos grandes escritores realistas do período vitoriano. Suas obras abordam temas relacionados a casamento, educação e religião e o *modus vivendi* que poderá ser a causa da infelicidade humana.

felicidade sempre parece estar mais à frente de onde estamos e, em quase cem por cento dos casos, atrelada ao que entendemos como sucesso material e/ou profissional, proporcional ao quanto julgamos capazes de ser, de ter, de acumular em nossa vida.

Quem não sonha ser bem-sucedido no seu *métier*? O empresário faz o que pode, corta um dobrado para ser o melhor em seu segmento, pois isto lhe trará notoriedade, e notoriedade lhe renderá mais e mais clientes; um atleta se esforça para alcançar a perfeição, para ser o melhor em sua categoria, pois isto lhe trará reconhecimento e oportunidades de novos contratos de patrocínio; um empreiteiro, um mecânico, um médico, um engenheiro, um professor sempre estão em busca da excelência naquilo que fazem. É da natureza do homem perseguir o sucesso na vida, na profissão, destacar-se em sua habilidade.

> *"Porquanto, de que adianta ao ser humano ganhar o mundo inteiro, mas perder-se ou destruir a si mesmo?" Lucas 9:25*

Inevitavelmente o êxito traz uma gama de benefícios, mas com ele pode vir um mundo de desilusões. Falo por experiência: o mecanismo da glória é perigoso, temerário, pois tende a nos envaidecer – e a vaidade destrói, vai corroendo aos poucos os relacionamentos, gradativamente, nos vai afastando das pessoas e do que a gente carrega de melhor em nossa alma – que nada mais é do que o refúgio da felicidade.

Portanto, a primeira das muitas desilusões que costumam vir no pacote do sucesso se dá quando, nessa busca, deixamos de ser quem realmente somos, aquilo do qual se reveste nosso interior, nossa essência, aquilo que nos distingue dos demais, aquilo que nos individualiza. Nas almas puras, seria o que no platonismo se diz do mundo verdadeiro de nós mesmos, do eterno, do imutável, do conjunto das ideias do bem, do justo, do invisível aos sentidos. O bem, para Platão, seria o principal objetivo de toda ação humana, por ser o princípio da justiça e da verdade.

Afastarmos do que em nós há de mais genuíno é mais comum do que parece. Quando a genialidade, a determinação ou mesmo a sorte e a oportunidade se impõem, admito não ser das tarefas mais fáceis manter-se fiel a si mesmo, às suas verdades, ao que sua alma tem de mais belo, de mais autêntico. Ser bem-sucedido é um "canto de sereia". O sucesso é um dos elementos mais fortes de perturbação para a alma. Não que o indivíduo deixa de ser quem realmente é de caso pensado. Não. Essa transformação costuma ser automática, sutil, quase imperceptível. O 'eu' se transforma sem que se perceba.

De experiência, vejo que o sucesso profissional pode resultar no sucesso material, mas não garante o sucesso emocional, aliás, muitas vezes o corrompe, o degrada. Uma pessoa pode atingir *status*, riqueza material e, em mesmo grau, empobrecer o espírito, a mente. Por isso é que prefiro usar o termo 'bom desempenho profissional', não 'sucesso profissional'. A meu ver, sucesso não vem necessariamente do fato de ser bem-sucedido na carreira. Isto é apenas uma parte da engenharia do sucesso, seria como a "cereja do bolo". Este implica um conjunto de fatores que, uma vez *em harmonia*, ativam a chave do Sucesso como Gênero. Explico: não é ser bem-sucedido ou reconhecido profissionalmente que garante alguma coisa. Uma pessoa pode ser realizada na profissão e ser infeliz no relacionamento com os filhos, com o companheiro. Pode ser reconhecida (sucesso social) e estar rodeada de bajuladores, sem poder contar com um ombro amigo para escutá-la quando tudo o que mais precisa é ser ouvida.

O sucesso não é um processo descoordenado. São inúmeras as combinações emocionais que uma pessoa deve concatenar para ter sucesso. Sucesso é o Gênero, e suas subclassificações implicam, entre outras, o sucesso em saúde, o sucesso familiar, o sucesso pessoal, o sucesso intelectual, o sucesso profissional, o sucesso emocional. Combinadas, essas subclasses nos levam a atingir o que eu chamaria *sucesso pleno*. Não é essa a ideia que fazemos de sucesso. Tendemos a achar que o atingimos quando nosso desempenho profissional supera as expectativas do padrão de mercado e, consequentemente, somos reconhecidos financeiramente. Quase que automaticamente fazemos a conexão: "Ganhei muito dinheiro, portanto, sou bem-sucedido". Pode ser que sim, pode ser que não. É grande a possibilidade de que não.

Conquistei muitas subclasses de sucesso, não todas. Aliás, **sucesso e felicidade** são absolutamente relativos; o que é sucesso, o que é felicidade para uns não significa necessariamente o mesmo que para outros. Entendo que quanto maior o número de subclasses alcançado, maior a possibilidade de se chegar próximo ao **sucesso como gênero**. No 'laboratório' de minha vida, fui experimentado nos vários papéis que desempenhei e, ao fim, os resultados desses experimentos me permitiram alcançar algumas subclasses.

Quando jovem empreendedor, minha visão de sucesso limitava-se a algumas subclasses: ser bem-sucedido no campo profissional, ter uma empresa forte e estruturada (reconhecimento), ter uma legião de amigos (aceitação social), morar numa casa bacana (material), ter filhos (pessoal), viajar o mundo (material e intelectual), enfim, conquistar muitas coisas no âmbito material e pessoal. Hoje, vejo que não é bem assim. E descobri mais: que, a cada conquista, e, especialmente quando se chega de fato ao sucesso, a felicidade nem sempre chega junto.

Percebemos, felizmente nem sempre tarde demais, que o cerne de ambos poderia ser encontrado na origem, no lugar mesmo de onde partimos, na nossa essência. Felicidade e sucesso já nos acompanham desde sempre, precisam apenas ser despertados pela consciência do bem, do belo, despertados pelo desejo de conhecimento da verdade, para que sigam conosco na aventura da vida. Infelizmente, atrelamos sua percepção à posse de bens transitórios, à fama, ao reconhecimento/aprovação social, a um bom emprego, etc. Esquecemo-nos do projeto maior do Onipotente, descuramo-nos de que fomos criados por Ele para a felicidade.

Construí uma empresa de porte com milhares de funcionários, montamos Centros de Processamento de Dados de fazer inveja a muitas empresas de ponta, salas de reuniões espetaculares... Nossas unidades operacionais dispunham de consultórios médicos, dentários e até de espaços para massagem. Era uma empresa moderna, bem estruturada, organizada, bonita, a concretização do que qualquer empreendedor enxerga como sucesso! Porém, num determinado momento, com a realização de tudo que sonhei, percebi que tudo aquilo era irrelevante. Conquistara sucesso profissional, e estava longe, muito longe, de conquistar o sucesso enquanto pessoa. Era um grande empresário, e um homem insignificante; rico de posses, e pobre como indivíduo.

Lembro-me bem do desabafo com minha sócia e esposa: eu lhe dizia que nada daquilo fazia sentido para mim, que o meu sonho, o meu *goal* era poder encerrar aquele ciclo e voltar a ter um escritório pequeno, uma empresa modesta em uma sala de 30 metros quadrados... Só nós dois, eu e ela! Um paradoxo, afinal, quem não se orgulharia de ter construído uma empresa como aquela? Eu conquistei o sucesso profissional que poucos, muito poucos conseguem, mas estava longe da subclasse do sucesso pessoal. Eu estava infeliz, saudoso de minhas origens, de uma época em que eu transpirava paz interior, a despeito da vida mais simples e de algumas dificuldades naturais, próprias do patamar de vida em que me encontrava.

O que eu não me dera conta é de que, há tempos, eu experimentara a subclasse do sucesso pessoal, mas a minha referência de sucesso estava atrelada à subclasse do sucesso profissional e material, ou seja, eu achava mesmo que dependia delas para alcançar a subclasse do sucesso pessoal. Só mais adiante percebi que um sucesso não necessariamente me levaria a outro. Pelo contrário. Muitas vezes temos de decidir abrir mão de uma das subclasses de sucesso para poder conquistar outras.

Eu resido no Estado da Flórida, um lugar paradisíaco onde, estou certo, muitas pessoas gostariam de estar. Moro em uma casa muito bem estruturada e com o conforto ao alcance apenas de pessoas bem-sucedidas. Sonhei em ter isso, mas hoje vejo que não é necessário estar aqui para encontrar a minha satisfação pessoal. Tanto que eu e minha esposa já decidimos que, quando as crianças crescerem, saírem pelo mundo em busca das suas subclasses de sucesso – aqui nos EUA isto tem início quando os filhos completam 18 anos –, vamos nos mudar para uma casa um terço, talvez metade do tamanho desta onde moramos hoje. Não ficarei preso a um lugar. Decidi prezar pela mobilidade e pela praticidade das coisas.

Quando comecei a carreira, Maristela e eu fizemos um sacrifício enorme para comprar um apartamento de dois dormitórios. Lá, moraríamos após casarmos. Conquistá-lo representava, naquele instante, alcançar a subclasse do sucesso material. A vida foi tão generosa que nem chegamos a morar nesse primeiro imóvel dos sonhos. A rápida ascensão profissional (subclasse de sucesso profissional) nos permitiu comprar um apartamento duas vezes maior que o primeiro e, três anos depois, outro quase três vezes maior do que o segundo. Neste último, moramos por apenas dois anos, pois logo vendemos a empresa e nos mudamos para os Estados Unidos para uma casa cinco vezes maior. Mesmo morando fora do Brasil, mantivemos como base esse último apartamento em São Paulo com os nossos empregados trabalhando por mais cinco anos.

Em 2019, entendemos que aquele espaçoso apartamento não era mais necessário. Aliás, era um desperdício. Nós o vendemos e iniciamos a reforma de outro menor, também em São Paulo, apenas para mantermos ativa a nossa base no Brasil, ou seja, voltamos a um imóvel muito similar ao primeiro que conseguimos comprar. Particularmente fiquei muito feliz com este movimento e me dediquei à reforma desta casa com a mesma alegria que tive quando consegui conquistar minha primeira moradia própria.

Engraçado que frequentemente me perguntam quanto é suficiente para uma aposentadoria confortável... O suficiente está muito ligado ao que você realmente espera da vida, ao que realmente espera das coisas materiais, ao seu tipo de relação com elas. Isto é o fator determinante do quanto é o suficiente para você. Eu me senti plenamente realizado quando abri mão do espaçoso apartamento e me instalei em um apartamento mais modesto quando estou no Brasil. Sim, eu gosto das coisas boas, claro, mas também delas tenho minha lista de prioridades. Uma Ferrari nunca fez parte dos meus sonhos, nunca foi uma prioridade para mim. Acho mesmo um desperdício gastar dinheiro com tal luxo. Preferiria gastar o equivalente ao valor de uma Ferrari em uma viagem com minha família. A experiência de uma viagem, a possibilidade de estar também em lazer com os meus filhos e minha esposa em um lugar diferente é, hoje, o que mais gera valor em minha vida, o que me faz brilhar os olhos.

Isso não quer dizer que eu recrimine os que sonham em ter uma Ferrari. Cada um tem os seus desejos, e o *quantum satis* ("quanto baste", em latim), o bastante para ser feliz está diretamente relacionado ao que se toma como prioridade, ao que se define como essencial na vida ou o que realmente se espera dela. Ou seja, o suficiente para viver uma vida boa depende muito das prioridades definidas por cada um. Para uns, três milhões de reais em *cash* talvez sejam suficientes para uma vida tranquila, sem sobressaltos, até os oitenta/noventa anos; para outros, três milhões não são suficientes para comprar uma casa ou até mesmo um carro. A relativização do *quanto é suficiente* está diretamente ligada ao que temos de expectativa da vida ou do que realmente esperamos dela usufruir.

De minha parte, decidi abrir mão de me tornar um bilionário em pouquíssimo tempo para ter mais proximidade com os meus filhos. Entendi que, a partir de uma fase da vida, o milhão consegue proporcionar muitas das coisas que o bilhão pode proporcionar. A questão está sempre em saber qual preço se está disposto a pagar para estar um, dois ou dez degraus acima do patamar em que se encontra hoje.

Olho para trás e me pergunto qual seria o preço a ser pago se tivesse decidido por me manter à frente da empresa "construindo" o meu bilhão, ao invés de acompanhar de perto os meus filhos, como faço hoje. Certamente, um preço muito alto! O que perderia não estando perto deles ou participando da vida deles como eu participo hoje eu jamais poderia recuperar, nenhum dinheiro do mundo poderia me devolver.

A vida não é um filme que podemos, a qualquer momento, retroceder. O seu momento de decidir é único. O que passou, passou, não volta mais. Pensamos em dar tudo de melhor materialmente para os filhos, mas nos esquecemos de que o que de melhor eles esperam de nós é a nossa presença – como meu precioso amigo ouviu dos filhos já adultos. Eu não quero pagar esse preço. Como bilionário, poderia certamente proporcionar-lhes uma vida magnífica, mas, um dia, certamente, me cobrariam de não ter tido a minha presença numa pequena e simbólica comemoração da escola.

Dinheiro é importante, sim, mas balancearmos as prioridades da vida me parece o mais sensato. Sem dinheiro não é possível conquistar muitos dos confortos da vida. Às vezes, é preciso abrir mão de determinados confortos e regalias para nos dedicarmos às outras porções importantes da vida, estabelecer o limite entre o trabalho, o dinheiro e a família. Quando qualquer dessas premissas está desbalanceada, alguma coisa está errada, e tende a piorar. O conceito de felicidade é o justo equilíbrio das coisas. Nada há perfeito. Não existe mundo ideal, mas balancear as coisas, pesar prós e contras, nos aproxima dele, da perfeição.

> *"Pois Deus não nos deu espírito de covardia, mas de poder, de amor e de equilíbrio." 2 Timóteo 1:7*

Por isso, meu amigo, a ideia de sucesso e felicidade é, sim, bastante relativa. Não tenho autoridade para explanar com propriedade sobre um e outro, mas posso arriscar, por experiência, que nem um nem outro estão atrelados à materialidade, à posse de coisas.

> *"É preciso golpear com mais força; agir com sabedoria assegura o sucesso." Eclesiastes 10:10*

Claro, ser bem-sucedido financeiramente é uma subclasse importante, mas não determinante. Decida agir com sabedoria e decida buscar o balanço dessas subclasses que levarão você a se aproximar do **gênero do sucesso**. Sobre a felicidade, desta, sim, se pode dizer que é formada pelos pequenos e simples detalhes que a vida nos proporciona aqui e ali. Fique atento, não deixe que a felicidade passe despercebida por você. Não ignore as decisões importantes que você precisa tomar na vida. Ela, a felicidade, está em todos os lugares e em todos os momentos. Descubra-a! Desfrute de cada momento que a vida lhe dá e reconheça e comemore cada pequena vitória, por menor que seja. Não importa o *quantum* ou o tamanho, a felicidade está presente em cada uma das nossas pequenas conquistas. Por isso, valorize-as, comemore cada uma delas!

Não espere chegar ao auge para perceber que tudo o que você realmente precisava já esteve ao seu alcance. Muita gente só se dá conta de que desperdiçou o melhor quando chegou (esvaziado) ao ápice, ou mesmo, num leito de morte. Sim, meu amigo, é possível encontrar felicidade na simplicidade das coisas e bem aí onde você está, independentemente do estágio de vida em que se encontra. Isso porque a subclasse de sucesso material não é a única chave que destranca a porta do gênero do sucesso. Existem muitas formas de obter sucesso além dos aspectos material e financeiro. Quando se sentir feliz, independentemente do quanto tem no bolso ou no banco, você terá, ainda que sem saber, conquistado muitas das subclasses que a maioria de nós, reconhecidamente homens e mulheres de sucesso, nem sempre enxergamos ou nem sempre entendemos como de preciosíssimo, de indispensável, de único valor. Assim, meu amigo, olhe à sua volta. **A felicidade pode estar bem mais perto do que você imagina!** A vida nos dá tempo e espaço, por isso, decida preenchê-los com alegria. Decida ser feliz enquanto é tempo, descobrindo e valorizando o que de melhor está ao seu redor.

Capítulo XVIII

DIAS TRISTES NÃO DURAM MAIS QUE OS DIAS FELIZES

Chave 18: Exija menos de você.

"A vida não é triste. Tem horas tristes."
Romain Rolland[18]

Vou me alongar um pouco mais sobre o que comentei há alguns capítulos sobre o fato de nos apegarmos mais ao que nos frustra, ao fato de ser de nossa natureza dar mais importância às coisas ruins do que às coisas boas. Não raro, essa nossa mania de supervalorizar o lado negativo das coisas vem acompanhada de um vitimismo paralisante! Veja você: se, no fim do dia, analisarmos friamente tudo que se passou conosco minuto a minuto naquela jornada, chegaremos à conclusão fácil de que o saldo foi positivo, de que, sim, aconteceram muito mais coisas positivas do que propriamente negativas.

Você acorda de manhã, toma banho, toma o café com a família ou aquele cafezinho com leite e pão na chapa na padaria da esquina, vai para o trabalho, encontra os colegas, realiza bem suas tarefas,

18 **Romain Rolland** (1866-1944), músico francês, doutor em Arte, professor de História da Arte na *École Normale de Paris*, professor de História da Música na *Sorbonne*, além de novelista e biógrafo. Muitas de suas obras tiveram como tema as grandes figuras da história e da arte, como Mahatma Gandhi, Georges Danton, Ludwig van Beethoven, Georg Friedrich Händel e Michelangelo. Em 1915, recebeu *o Prêmio Nobel de Literatura.*

almoça com o cliente, fecha uma boa proposta e, no final do dia, na volta para casa, recebe um telefonema desagradável. Pronto, era o que bastava para desconstruir tudo o que de bom aconteceu durante o dia e concluir com pesar: tive um péssimo dia. Que dia terrível!

Num passe de mágica desvalorizamos tudo o que de bom aconteceu, desde as coisas simples até as conquistas. Fato é que basta um telefonema ruim, ou uma mensagem dolorosa, uma frustração, por exemplo, uma chuva inesperada que nos tolheu a liberdade de um passeio, para tomarmos aquele dia como um dia ruim. E isso nos joga para baixo, nos aniquila, tira nossas forças justamente na melhor hora de repô-las para as próximas batalhas. Não pode ser assim!

Digo isso porque, nos meus quinze de anos de companhia, era exatamente assim que eu reagia no balanço dos meus dias, sempre muito atribulados. Passei muito tempo dando valor às coisas chatas, às coisas que, geral e isoladamente, teriam pouca ou nenhuma condição de alterar o contexto positivo do meu dia. Acostumado a me posicionar, mesmo sem perceber, como vítima das circunstâncias, eu fazia questão de me apegar às pequenas coisas irrelevantes e dar a elas a importância que não mereciam.

Eu tinha sob minha responsabilidade uma empresa grande e o firme compromisso de entregar o melhor resultado aos meus clientes – perto de trinta empresas, corporações que figuravam entre os gigantes do Brasil – divididos em cento e trinta carteiras em subdivisões distintas. No ápice da companhia, os quatro mil empregados distribuíam-se em duas plantas operacionais e seis escritórios regionais. Tudo deveria funcionar de maneira harmônica, sincronizada. Desempenho era a palavra de ordem.

Para aqueles que acreditam em horóscopo, sou virginiano. Dizem que os virginianos prezam pela ordem, são detalhistas, críticos e perfeccionistas, entre tantas outras qualidades e, certamente, inúmeros defeitos. Sempre fui um pouco de toda essa gama de qualidades e defeitos, tudo acrescido de uma obstinação por resultado. Eu era implacável comigo mesmo, não admitia falhas. Agora, só agora, tenho clareza de que, no saldo, a maior parte dos meus dias na empresa foi mais feliz do que triste, mesmo no processo de criação, quando tudo era muito difícil e os recursos escassos. Poderia ter evitado muitas daquelas tensões porque muitas delas fui eu próprio a impô-las à minha mente. Poderia ter agido diferente.

Não fui sábio, cansei a mente, me desgastei. Deixei de tomar decisões que me preservassem do desgaste natural e previsível aos empreendedores. O homem sábio dá valor ao que realmente importa, por isso, tende a se cansar menos! E eu me cansei demais. Potencialize isso em dezessete anos praticamente ininterruptos, com uma carga de trabalho entre quinze e dezessete horas por dia. A mente se cansa, o coração adoece porque a maior parte da vida se dá importância ao que não merece importância e isto ocupa tanto tempo e espaço na sua cabeça, que você não se dá o direito de usufruir das coisas boas que estão ali presentes na maior parte do dia.

A verdade é que nunca me permiti ser feliz, nunca olhei para mim mesmo como merecedor de tamanha dádiva. Sempre dei mais atenção aos pequenos dissabores. Decisão errada! Tanto é que nunca me vi vibrando de verdade por alguma conquista – e não foram poucas! Com um time de primeiríssima linha, conquistamos mais de oitenta prêmios por desempenho ao longo de dezessete anos à frente da companhia. Em nenhuma dessas muitas oportunidades me lembro de ter comemorado como merecia, não me lembro de ter me orgulhado como deveria.

Lembro-me, sim, de um episódio lamentável, para não dizer o mínimo! Vejam a que ponto chegou a minha incapacidade de externar sentimentos de orgulho: certa vez, eu e uma das minhas equipes estávamos presentes em um evento de premiação anual, organizado por um importante cliente nosso. Essa empresa se preparara com todo esmero para receber os convidados participantes de uma campanha. Ela queria premiar suas melhores parceiras de negócio! Eram cerca de vinte concorrentes a nove prêmios disponíveis em nove categorias. Nossa empresa ganhou sete troféus naquela noite. O organizador do evento colocou os sete prêmios sobre uma mesa, expôs um painel da campanha ao fundo, e nos chamou para a foto especial. Quando estávamos todos prontos para a grande foto, eu disse em voz baixa ao meu time: *"Parabéns a todos, mas o sorriso serve para esta foto. O que acontece agora já não vale mais para o amanhã."*

Hoje, só de relembrar este fato, me sinto constrangido pela insensibilidade com os que se dedicaram tanto pela empresa, e que mereciam ter o seu trabalho reconhecido primeiro por mim, especialmente naquela circunstância tão especial! O normal, contudo, era eu me deixar levar sempre pelo peso da responsabilidade, ou melhor, o que a minha mente criava como peso, e isso foi mais importante do que aquele momento único; sete prêmios em nove categorias, concorrendo com outras empresas de ponta, e mesmo assim não consegui deixar que a alegria e a gratidão me contagiassem.

Analisando mais friamente, minha mente já estava condicionada a não computar vitórias. Sem que eu me desse conta, elas passaram a ser obrigação. Os pequenos problemas da minha vida na empresa e também em casa, e que eram absolutamente normais, dentro do plausível, passaram a ter mais espaço e relevância do que as coisas boas.

O alto senso de responsabilidade, ou melhor, a postura inflexível de exigir mais e mais de mim mesmo e da minha equipe acabou por me tornar indiferente às conquistas e mais apegado a pontos que no fundo não tinham nem mesmo a capacidade de alterar o resultado das coisas. Hoje vejo claramente que eu poderia ser tão bem-sucedido como sou hoje sem pagar um preço tão alto por isso, sem desgastar tanto minha mente. Quando eu me encontrava no olho do furacão, pressionado por todos os lados, não percebia a importância do equilíbrio físico, mental e espiritual. E isso, por muito pouco, não foi fatal!

Assim, meu caro leitor, **decida ser menos exigente consigo mesmo**. Não sei quantos anos você tem, mas, sinceramente, não gostaria que você perdesse bons anos nessa maratona insana de querer sempre tudo perfeito, como eu perdi. Problemas sempre existirão. A sabedoria está em, primeiro, dar a cada um deles a importância, o peso que realmente tem e, segundo, saber distinguir entre o que depende de nós e o que não depende, o que está fora do nosso controle, portanto, o que não merece a nossa energia, o nosso empenho em solucionar. Por mais dura que a vida seja conosco, temos mais razões para agradecer do que para reclamar. Estamos vivos! Só isso nos faz ter mais razões para comemorar. Atribua aos problemas a importância que realmente merecem. Condicione sua mente a captar mais felicidade do que angústias e decepções. Pense, planeje o futuro e dê o seu melhor para que ele se concretize, mas não se esqueça de viver o agora mais plenamente e em paz, primeiro, consigo mesmo. Decida priorizar as alegrias. Decida exigir menos de você, aceitando que, sim, você pode errar e que o seu erro dificilmente vai comprometer a harmonia de todo o conjunto de sua vida.

Capítulo XIX

UM FLERTE COM A DEPRESSÃO

Chave 19: Decida dar a si mesmo uma nova chance.

"Passar por problemas, lutas e dores faz parte da caminhada, mas é você quem decide se vai vencê-los, ou deixá-los vencer você."
Augusto Cury[19]

Nos dezessete anos à frente da empresa, os dias foram, na maioria, tensos, mas qualquer negócio que se quer bem-sucedido guarda esta dinâmica, esta similaridade. O cenário não muda, muda a forma como você lida com os problemas, muda, sobretudo, a forma como cada gestor, cada líder trabalha também o seu interior, os seus dilemas, a sua sanidade, o seu equilíbrio diante da imprevisibilidade que é administrar um empreendimento. Demorei bastante para entender isso. Mesmo dono de uma natureza, sobretudo, reflexiva, só muito tarde atinei que poderia tirar o máximo proveito da reflexão programada, daquela noite, daquele *gap* entre o pensar e o fazer. Só com a maturidade descobri que **os sábios se cansam menos**.

---

19 **Augusto Cury**, médico psiquiatra, cientista, professor, pesquisador e escritor, membro de honra do Instituto da Inteligência, de Portugal, diretor da Academia de Inteligência, que oferece treinamento a psicólogos e educadores. Publicou "Inteligência Multifocal" (1999), onde apresenta mais de trinta elementos essenciais para a formação da inteligência humana, tais como o processo de interpretação, a democracia e o autoritarismo das ideias e o fluxo vital da energia psíquica. É o autor brasileiro mais lido na atualidade, com livros publicados em mais de 70 países.

Quando no comando da empresa, tudo sempre funcionou como eu planejava. Quando se tem um plano estratégico e o executa com qualidade, as chances de os objetivos serem atingidos são infinitamente maiores. Isso é fato! Perder ou ganhar faz parte, mas uma vez amparados por um processo de inteligência estruturado, grande é a probabilidade de tudo sair nos conformes. Muitas são as teorias do pensamento positivista a nos incentivar o cultivo de manter-se em expectativa, alertas, na esperança de realizações futuras. Como autêntico empreendedor, era assim que eu agia, sempre pensando bem à frente, projetando o amanhã, de olho em novas tecnologias, tendências, formas de fazer diferente, de deixar para trás a concorrência. Aliás, era notório que sempre estivemos, pelo menos, três anos à frente dela. Quando tentavam nos copiar, seguir nossa trilha, já havíamos avançado outros três. Mantínhamos um desempenho tal que acabamos por ditar um padrão para nosso segmento de atuação, o mercado nos tomava como referência em cobrança/recuperação de créditos de alto volume.

Seja na vida, seja na carreira, há que se estar atento ao futuro sem se desligar do presente, sem deixar que o amanhã se sobreponha ao hoje. Tênue, a linha entre a realidade do momento e expectativas do futuro é fácil de ser cruzada, e os resultados são costumeiramente desastrosos. Entre uma e outra está o fator ansiedade. Pensar no amanhã é saudável, porém, pensar pelo mero ato de pensar é uma perda de tempo e de energia, sem dizer que, normalmente, as projeções acabam contaminadas pelas circunstâncias do momento. Se o cenário é positivo, tendemos a achar que as coisas sempre ocorrerão no melhor dos mundos. O inverso também é fato. As dificuldades momentâneas podem tolher, embaraçar nossos voos. Em ambos os cenários, é frustração na certa, e a ansiedade, peça fundamental de um desastre anunciado.

Não é tão simples assim lidar com o crescimento de um negócio. À proporção de seu êxito, crescem as responsabilidades, a pressão por resultados e também seu parâmetro de excelência, aquele que se toma como ideal a ser atingido. É aí que o empresário se vê colocado à prova de uma maneira que não espera, é quando vê testada a sua resiliência, a capacidade de ir se adaptando à pressão, driblando o estresse. Já há algum tempo o mundo corporativo pegou emprestado da Física o termo resiliência, que se refere à propriedade de alguns materiais de acumular energia, quando exigidos ou submetidos a estresse, sem ocorrer ruptura e, cessada a tensão, esse mesmo material manter-se íntegro, ou seja, voltar ao estado original sem apresentar qualquer deformação. Em linhas gerais, seria tal como uma vara de salto em altura que verga até certo limite, sem se quebrar, e depois retorna à forma original dissipando a energia acumulada e lançando o atleta para o alto.

Faltou-me, então, a tal resiliência. Com o passar do tempo e a consequente expansão da empresa, o sucesso pesou, e pesou muito no meu emocional. Nessa dinâmica toda de manter as expectativas, de não deixar a peteca cair, de não errar, afinal o perfeccionismo sempre ditou minha conduta, eu errei a mão. Não sou técnico, muito menos especialista em assuntos de psicologia, de psiquiatria, pouco entendo dos propalados quatro temperamentos, mas estou convicto de que devo à ansiedade o meu longo processo de adoecimento, que começou na empresa e teimou em seguir-me para dentro de casa. O ansioso tem como premissa debruçar-se sobre os problemas que ainda não aconteceram, mas que têm alguma chance, mesmo que remota, de acontecer. Sabe aquele "e se..."? É o que os especialistas chamam de sofrer por antecipação. Um velho sábio disse certa vez que, no balanço de sua vida, mais de 90% das preocupações e angústias foram por coisas que acabaram não acontecendo. Olhando para trás, como eu sofri por antecipação! Sempre fui atormentado em minhas reflexões pelo "e se...", "e se acontecer isso, aquilo...". O problema é que nunca saberemos o real potencial do "e se...", mas gostamos de nos preocupar com ele. Era este o meu caso. Vivia quase unicamente de expectativas, do que estava por acontecer, portanto, pelo que eu não podia controlar. E assim, eu me exauri. Minha obsessão pelo hipotético e pelo que estava por vir quase me levou à loucura.

Em grande parte, a realidade da empresa superava as expectativas mais otimistas, mas para mim falava mais alto a responsabilidade do entorno. A vibração pelo fechamento de um grande contrato ou por uma meta superada era ofuscada em segundos pela responsabilidade com as contas a serem pagas, com os funcionários e com o resultado que ainda precisava ser construído. Minha sensação era de estar o tempo todo a praticar *slackline*, aquele esporte que consiste em andar e fazer manobras se equilibrando em uma fita de *nylon* esticada entre dois pontos fixos. Sentia o nó da gravata estrangulando a garganta, sufocando o peito, aumentando à medida que a empresa crescia.

Uma vez um amigo me questionou se este não seria o preço a pagar pelo sucesso. Não acho que seja. Uma coisa é você se dedicar a um propósito, outra é dar a sua vida a esse propósito – e torná-lo mais penoso do que normalmente seria. Obviamente que a dedicação a uma causa nos leva a abdicar de outras, a abrir mão muitas vezes das que, na relação custo/benefício, não se mostram tão vantajosas ou são nitidamente de resultado transitório, irrelevante... Há que se ter discernimento e um limite, um equilíbrio. A vida deve estar balanceada. Você deve se sacrificar, sim, mas deve parar para respirar, para limpar a mente, para sossegar o espírito.

Mas se é assim, por que eu consumia tanto tempo no trabalho, como acabei de relatar? Sim, perdi as medidas, exagerei muitas e muitas vezes. Costumo dizer que se você trabalhar oito horas por dia, dificilmente chegará a algum lugar. Esse é o tempo que pessoas 'normais' costumam dedicar ao trabalho diário. Vão, batem o ponto, executam suas funções, voltam para casa. Fazem o trivial, para o gasto, como se diz. Conheço gente que define aonde quer chegar, o que quer – um carro novo, morar bem, viajar, isso e aquilo –, mas não se dedica o suficiente para que tudo isso se concretize. Então, quando me perguntam "como fazer para ter muito mais que o essencial?", digo: trabalho duro, meu caro. **Não existe sucesso sem sacrifício**. Para alcançar esse algo mais, exige-se muito mais que oito horas convencionais. Ao trabalhar doze horas, suas chances de êxito aumentam, e se realmente quiser chegar lá, dedique pelo menos quatorze horas do seu dia.

Tudo isso que você almeja, o carro, as merecidas férias em um lugar maravilhoso, viagem de primeira classe, tudo, tudo será a compensação do seu esforço. Há os que não sonham tão alto assim. Para os que sonham, chegar lá exige muito sacrifício, exige dedicação e dedicação certamente acima de quatorze horas diárias, certamente abrir mão de finais de semana de relaxamento. Abdicar mesmo!

Por exemplo, Maristela e eu, quando iniciamos a empresa, jovens ainda, deixamos de lado barzinhos, festas, passeios típicos da idade, mas havia ali um propósito relevante, o nosso futuro, algo que entendíamos como decisivo para nossas vidas. Na época, nosso futuro almejado consistia em ter um carro bom, casa própria, poder pagar uma boa escola para os filhos... Então, se trabalhar quatorze horas é a condição para atingir o seu *goal*, faça disso uma exceção, não uma regra. No meu caso, como disse, não foi exceção. Infelizmente, foi a regra!

> *"Seis dias, trabalhará; sétimo dia será o sábado do descanso solene."* Êxodo 31:15

Mesmo quando nossa empresa deslanchou e era ainda "administrável", passávamos juntos muitos finais de semana trabalhando, enquanto os amigos se confraternizavam em churrascos na praia. Não víamos problema nisto. Tínhamos sob controle as emoções; mantinha-nos fortes pela certeza de que construiríamos muito mais que uma empresa juntos. **O problema é não se impor limites.** Com o passar do tempo, eu não apenas os ultrapassei, como nada fiz para me reabastecer do desgaste natural. Dormia mal, não desligava, não praticava nenhuma atividade para relaxar o corpo e a mente. Eu, que gostava do pé na estrada, não viajava mais. Anos assim resultaram num estado total de deterioração da minha mente e do meu psicológico. Acordava pensando na empresa e dormia com ela na cabeça. Ao trabalhar perto de dezessete horas por dia, não conseguia mais compatibilizar trabalho e vida pessoal e familiar, separar as estações. Trabalhava até altas horas da noite, desligava os três celulares faltando menos de meia hora para virar o dia. O corpo tentava descansar, mas a mente não desligava. Às sete da manhã, recomeçava a rotina no escritório.

A tristeza era profunda. Nada me dava alegria. Chorava constantemente. Vieram alterações de apetite. Às vezes, passava horas sem colocar nada na boca, outras, eu comia insaciavelmente. Com o tempo, agravou-se a insônia. Acordava quinze vezes por noite. Angústia e melancolia andavam de mãos dadas comigo; eram os meus braços; irritabilidade e intolerância eram minhas pernas. Tudo sem razão de ser. Com o passar dos anos, meu estado foi se agravando. Não tinha mais vontade de sair da cama. Eu tinha por certo que a qualquer momento eu iria desligar, ter um AVC, um ataque cardíaco, desfalecer!

Eu não percebia também que a pressão não era do negócio em si. Era eu próprio a pressionar-me, a exigir sempre mais e mais. Obstinado por natureza, eu era o meu próprio algoz. Hoje estou convicto de que flertei com a depressão, aquele momento de desespero em que se perde o viço, em que o calor e a luminosidade da atmosfera dão lugar a nuvens carregadas e noites escuras e geladas. A fartura é contraposta à seca. Perde-se a vontade de continuar a jornada, e a vida deixa de ter sentido, sabor. Perde-se o gosto da batalha mais simples. E o indivíduo mergulha em um poço, passa a se sentir um nada, um ninguém. O mais incrível é que eu via no que eu havia me transformado e aquilo me deixava mais entristecido, mais vulnerável. Era um misto de tristeza e decepção comigo mesmo. Mais que a mim, eu decepcionava os que estavam ao meu lado e os fazia presenciar os momentos em que esses sentimentos vinham à tona, e da pior forma possível. Eu ficava extremamente agressivo. Nunca cheguei a agredir ninguém fisicamente. Fiz pior – palavras, gestos, atitudes, ironias costumam machucar muito mais. E, a cada rompante, eu me sentia pior, vinha a crise de autoconsciência.

Cheguei ao fundo do poço. Cansei de mim, da vida e das pessoas. Um estado de prostração indescritível, insustentável! Não podia mais viver daquele jeito. Nenhuma conquista, nenhum sorriso, nenhum gesto eram capazes de me deixar contente. Só pensava em ir embora, descansar. Queria paz, voltar a ser um ser humano normal que passa despercebido às pessoas. Não queria mais ser lembrado, ser chamado. Não queria mais dar ordens e ser respeitado. Não queria mais ser admirado, bajulado. Não queria mais ter tudo girando ao redor. Nunca procurei um médico porque, sinceramente, não dava tempo. Talvez a sensação de autossuficiência somada à minha ignorância não me permitiram enxergar o quanto eu precisava de ajuda. Nunca disse isso a ninguém, porque talvez nem eu mesmo soubesse o que se passava comigo, com o que eu próprio estava lidando. Na visão de fornecedores, de clientes, estava à frente de tudo ali um homem tranquilo, sereno, inteligente, ponderado, equilibrado. Mas, diante do espelho estava um jovem de 35 anos destruído, com a mente de 80, cansada, desesperançada; estava um sujeito nervoso, triste, irritado, desequilibrado e para quem a morte chegava aos poucos.

Com esse histórico, me sinto com autoridade para dizer a você, leitor, que atente para suas emoções e no impacto que elas causam na vida daqueles que lhe são caros. Histerias, brigas, irritação constante, ausências são sintomas de que algo não vai bem em seu interior. Busque ajuda. Tenho certeza de que muitas pessoas não reconhecem e/ou não respeitam seus limites, por isso desistem. As estatísticas são alarmantes. Segundo a Organização Mundial de Saúde, a cada quarenta segundos uma pessoa se mata no mundo. Embora alguns países garantam ter controle sobre os números, tudo leva a crer que a perspectiva não é otimista.

Precisei passar por essa experiência, por esse estado de impotência em lidar com a angústia e o estresse para compreender como é fácil chegar ao limite, quão fácil é querer desistir da vida, seja se entregando a uma doença, seja se recusando a comer, a tomar um remédio que pode curar, seja se isolando mais e mais, seja optando pelo pior... A vontade de se autodestruir vem num clique, num momento de desespero. No meu tempo de empresa, como contei há pouco, teve início o meu ciclo de padecimento, que se foi seguindo até ao ponto de eu querer que minha máquina fosse automaticamente desligada. Perdi a vontade de viver, de lutar, de continuar. Lá no fundo, o que eu queria mesmo era adormecer para não acordar mais. Nunca pensei em seguir o caminho da autodestruição como fazem, lamentavelmente, os suicidas, mas tive vontade de que a vida me abandonasse. Em um primeiro momento, me vi sem coragem para dividir minhas angústias com minha mulher ou com algum amigo, ou seja, a opção de estar sozinho era toda minha.

Sim, me restavam lapsos de discernimento. Tentei uma autoanálise para identificar os motivos de tanta dor e não encontrei razão específica. Eu já não sabia mais no que me transformara, e algo dentro de mim implorava para eu voltar a ser quem realmente era: eu queria de volta aquele jeito que embalou minha meninice. Queria poder voltar a andar descalço, de roupas largas, descombinadas, dormir até mais tarde, sentar-me à mesa com minha família sem precisar consultar o relógio a cada minuto, queria fazer coisas simples, sem estar preso às vestes do intocável, do elegante, do irrepreensível homem de negócios. Urgia mudar. Estava ganhando muito dinheiro, mas estar na empresa havia muito deixara de ser prazeroso, me fazia muito mal. Era hora de dizer "chega". Eu precisava de uma nova chance; **eu precisava me dar uma segunda chance; eu precisava decidir a meu favor**.

Lembrei-me da promessa do Rei dos reis: "Vinde a mim vós todos que estão sobrecarregados e eu vos aliviarei!" (Mateus 11:28). Botei os joelhos no chão e roguei ao meu Conselheiro por uma chance de me reencontrar, de reencontrar minha família, as pessoas que amo.

> *"O Senhor é o meu Pastor, nada me faltará. Deitar-me faz em verdes pastos, guia-me mansamente a águas tranquilas. Refrigera a minha alma; guia-me pelas veredas da justiça, por amor do seu nome." (Salmos 23:1-3)*

O fato é que nem todos conseguem superar um estado depressivo sem ajuda. Muitas pessoas enxergam no suicídio a possibilidade do encontro com a paz e a tranquilidade. Posso imaginar que, mergulhada no barulho, a cabeça de uma pessoa em desespero não para, não tem descanso. É como estar em uma *rave*, com a música eletrônica no último volume. O desespero interior é muito grande e, cometer o suicídio, para muitos, é como a travessia de uma fronteira para mergulhar no silêncio, num piscar de olhos, entrar em sono profundo, alcançar um estado de tranquilidade permanente. Mas a morte não silencia ninguém. Como eu descobri em tempo, a paz não é um estado corporal; é um estado de espírito, e não depende de **onde** você está e, sim, de **como** você está. A paz não pode ser encontrada do lado de lá. Desistir da vida, desejar encontrar a morte ou ir ao encontro dela por conta própria não põe fim aos problemas, apenas os transfere de mãos – para as mãos dos que ficam. Aos que vão, segundo os manuscritos sagrados, jamais encontrarão a paz; aos que ficam, herdarão tristezas, traumas e decepções que podem perdurar indefinidamente, por gerações.

Na Divina Comédia, no Inferno de Dante (Canto XIII), Virgílio quer saber de um espírito em desgraça "como uma alma se funde com estas plantas e se algum de vós, um dia, escapará desses galhos", e ouve:

> *"Quando alguma alma se separa do seu corpo por sua própria vontade, Minós a manda para a sétima foz. De lá, cai nesta selva escura, brota como uma semente e cresce, até tornar-se um espinhoso arbusto. As Hárpias nutrem-se de nossos galhos e assim nos trazem eterna e intensa dor. Como os outros, um dia retornaremos para reaver nossos corpos, mas nunca mais poderemos vesti-los, pois, injusto*

seria que tivéssemos algo que rejeitamos. Nós os arrastaremos até aqui onde, nesta triste floresta, nossos corpos serão para sempre pendurados nos galhos de suas almas vis."

Por isso, quando pensamos em desistir de nós mesmos, estamos sendo também egoístas e ingratos com todos aqueles que nos amam, insensíveis àqueles que, de alguma maneira, dependem de nós e/ou nos têm algum apreço, admiração, respeito. Independentemente do que somos, de quem somos ou do que possuímos, sempre haverá alguém que nos toma como referência, e se orgulha do que somos e fazemos. Sem medo de errar, eu diria que assume uma postura pretensiosa o ser humano que, ao sentir-se abandonado pela vida, abandona a todos os que lhe querem bem. Ninguém que nos ama verdadeiramente suportaria ver a nossa dor sem ser movido pela compaixão, que é pura dádiva.

Portanto, se confiarmos que lá no mais alto andar há um Ser que é todo amor e misericórdia, não há como desistir da vida. Porque Ele mesmo nunca nos abandona. Por mais solitários que nos sintamos, Ele nunca nos deixa sozinhos. Nem na mais profunda instância de desespero estamos sós. Pelos seus desígnios, por sua benevolência, haverá sempre alguém por perto, alguém que vai se compadecer de nossas incapacidades, fraquezas, desilusões, angústias, e se mostrar disposto a nos ajudar a carregar a pesada mochila de nossa vida. Mas temos de ter coragem, temos de confiar, temos de nos abrir ao outro. Por isso, não tenha vergonha de reconhecer os fracassos, as desilusões, as frustrações. Não é vergonha enfrentar uma adversidade e fraquejar, achar que não conseguirá vencê-la. Todos nós passamos por isso. Na vida real, não existem aqueles super-heróis dos quadrinhos. Pessoas normais se decepcionam, se desiludem, caem em tristeza. Isso não é de todo ruim, pois é nessa hora que se dá o milagre da generosidade, da solidariedade. Sempre estará alguém ali, pronto a nos estender a mão. Desabafe e compartilhe suas angústias, procure ajuda de um profissional, apegue-se ao Soberano.

Tenho certeza de que Ele confiou a mim esta tarefa de contar a você, leitor, que a morte não é o caminho que nos fará evitar os problemas ou escapar deles, mas o tempo. O tempo é uma ferramenta divina que faz, desfaz, refaz, constrói e reconstrói as histórias. É com o tempo que os caminhos se ajustam, se delineiam para que avancemos até o final de nossos dias. Se realmente eu tivesse decidido desistir da vida, estas páginas não teriam sido possíveis. Quem se entrega à morte interrompe o ciclo das experiências que chamamos de vida. Quando alguém decide desistir, não terá histórias para contar. Um contrassenso, afinal, **grandes histórias são aquelas advindas de grandes reveses**, dos grandes infortúnios que a vida nos impõe, quando a gente descobre e compartilha que **não há obstáculo que não possa ser vencido**. Tudo passa! Então, meu amigo, não "vibre" no medo, na ansiedade, na tristeza, no desespero, na negatividade. Pense positivo, chore mais, fale mais, ore mais e confie mais – principalmente em você mesmo. Sobretudo, ampare-se no Grande Conselheiro. Com Ele, a vitória é certa! **Decida dar a você uma segunda chance**. Decida-se a favor da vida!

Capítulo XX

A TRANSFORMAÇÃO

Chave 20: Ninguém pode fazer por você o que só você pode fazer por você mesmo.

"Quero aprender a ser, para mim mesmo, o melhor amigo que eu poderia ter."
Pete Walker[20]

Sim, a vitória é certa. A vida é uma só e sempre, sempre mesmo, será possível construir um amanhã melhor e diferente para nós mesmos. Não há obstáculo que não possa ser vencido. Evidentemente que venho vencendo os meus porque tenho amor à minha família e à minha vida e, principalmente, confiança em um Ser Supremo.

Naquela situação-limite na empresa, voltei o olhar para Ele, como se autossuficiente eu fosse para determinar meu destino, roguei para que me levasse embora desta vida. Mas Ele fez diferente – e a solução veio não como eu imaginara. Veio na esteira de um infortúnio. O que eu mais queria era me desligar, vender, largar a empresa, o que fosse. Minha esposa sempre foi avessa à ideia de desfazer-se da companhia para a qual lutamos tanto. Ela sempre deu muito valor às nossas conquistas, e era bastante apegada ao que construímos com tanto sacrifício. Eu lhe dizia que não aguentava mais e que, se não vendêssemos a empresa, eu iria doá-la. Isso mesmo, eu faria uma

20 **Pete Walker**, psicoterapeuta, clínico geral, estudioso de antropologia e saúde emocional, palestrante, *counselor* e escritor. Especialista em ajudar adultos traumatizados na infância, escreveu *Complex PTSD: from Surviving to Thriving* (Complexo Estresse Pós--Traumático - Indo de Sobreviver a Prosperar), já em português.

doação. Maristela resistia à ideia de nos desfazermos do negócio. A solução para o nosso dilema e para a minha libertação daquele círculo viciante, destruidor, veio por uma via inesperada.

Infelizmente, minha sogra, dona Vera, foi acometida de um linfoma. Minha esposa, grávida do nosso filho mais novo, Rafael, mudou a rotina de empresa e casa, e passava a maior parte do tempo com a mãe no hospital. Em uma ocasião dessas, minha sogra, já muito debilitada, questionou a filha sobre o porquê de trabalhar tanto. Dona Vera queria saber se já não era suficiente tudo aquilo que, juntos, havíamos conquistado. As palavras da mãe causaram um turbilhão de emoções em minha esposa, e a levaram a uma reflexão geral sobre o tipo de vida que estávamos nos proporcionando e a nossos filhos. Bateram tão fundo no coração de minha mulher que, saindo naquela tarde do hospital, já a caminho de casa, ela me ligou, disse que estava na hora de vendermos a empresa. A proposta dela era vendermos tudo e mudarmos radicalmente o estilo de vida. Era tudo o que eu precisava ouvir. Aquilo soou como música para a minha alma, trouxe uma enorme motivação à minha vida. Foi ouvir as palavras de Maristela e reforcei o meu propósito, o meu objetivo de vender a companhia. Mais do que o consentimento da minha esposa, eu precisava do alinhamento dela para efetuar a venda. Era por ela e pelos nossos filhos que eu precisava mudar, quer dizer, a venda da empresa seria apenas uma etapa preliminar desse processo de transformação pessoal.

Num primeiro momento, eu achei que, encerrado o ciclo de empresa, eu conseguiria interromper o curso destrutivo a que eu próprio me submetera. Todos os meus problemas se resolveriam, e um novo Fabio ressurgiria, livre de suas angústias, calmo, feliz, bem-humorado, espirituoso, sempre prestes a uma pilhéria, a uma gostosa gargalhada. Eu iria aproveitar o convívio com os meus, retomar hábitos prazerosos que eu abandonara por conta dos compromissos de empresário... Teria a partir dali uma casa para administrar, filhos para cuidar, mulher para paparicar... Parecia tudo maravilhoso, fácil demais, todos os problemas resolvidos com o carimbo de venda da empresa, não? Não.

O que eu desconhecia era que toda aquela tristeza que quase me aniquilara não era fruto apenas da pressão dos negócios, fruto da responsabilidade da gestão, das contas a serem honradas, dos contratos a serem cumpridos, fechados, dos funcionários a serem pagos, orientados, supervisionados... Assim, encerrada a minha etapa de empresário, aquele Fabio adoecido, teimoso, controlador, irritadiço, insatisfeito, acostumado a ser obedecido, acatado, migrou para o ambiente familiar, achando que podia manter-se na mesma loucura dos prazos, da perfeição, da excelência... Levei toda aquela carga autodestrutiva para dentro de casa porque simplesmente eu ainda não identificara em mim os muitos problemas que eu teria de trabalhar interiormente.

Não bastasse, eu estava mal acostumado. Acostumara-me à eficiência de um exército de pessoas ao redor prontas a servir, a atender às minhas ordens. Quando você está à frente de uma grande companhia, aquele "grande mundinho" gira ao redor. Como uma sinfonia, tudo parece fluir no ritmo e no tempo, na intensidade e no movimento de sua batuta. Isso lhe traz uma sensação de controle absoluto, como se você fosse o maestro do tempo, das pessoas e das circunstâncias. Você tem o 'poder' de decidir sobre tudo e sobre todos. Isto o transforma, sem perceber. Anos e anos controlando tudo, cada ação, cada resultado e tendo o melhor que podia esperar me fez ter certeza de que a minha vida fora do ambiente corporativo também podia ser plenamente controlável. Como já lhe disse, acreditava poder controlar o tempo, o ritmo, as circunstâncias, os resultados, as pessoas... Quanta ingenuidade a minha!

Levei mais tempo do que devia para aprender a desligar-me daquela agitação de anos a fio e me adaptar à nova e prazerosa rotina em casa com meus filhos. Persistia a espinhosa ansiedade do amanhã. Preocupava-me, ainda, o que eu podia fazer mais pelo bem-estar dos meus filhos, da minha família. Fatalmente, essas reflexões, até certo ponto positivas, altruístas, se sobrepuseram ao presente, potencializadas pela ansiedade, e entraram em concorrência com o mundo real, aquele que eu vivia naquele momento. Além disso, a concretização de uma vida sem aquele estresse, sem aquele trabalho que passei dezessete anos executando, sem aquela vida alucinante da qual eu tanto queria me ver livre – me deixou incomodado, mexeu comigo. Explico: num dia, sentado com o meu *board* executivo, tomando decisões, exigindo agilidade, eficiência, resultados perfeitos; uma semana após vendida a empresa, eu, livre, sem aqueles compromissos todos, não conseguir usufruir dos prazeres dessa nova vida – sentado no meu jardim de frente para a piscina, sob um sol maravilhoso, eu me julguei um vagabundo, um inútil. O que quero dizer é que não é tão simples assim adaptar-se, acostumar ao que é bom, prazeroso!

Além da demora em assimilar o novo ritmo, demorei a atinar que *business* e vida doméstica guardam lá suas singularidades. Na lide da sagrada instituição familiar, não há lógica, não existe estratégia única e garantida para levar a bom termo um projeto, qualquer projeto, por mais simples que pareça, seja uma programação de férias ou a simples escolha de um restaurante para jantar, quanto mais traçar planos e executá-los à risca, sem incidentes. Há, sim, uma conjunção de fatores que podem ou não interferir no resultado do que quer que seja. Em família, a matemática é habitualmente inexata. Parece elementar, não? Ao sair das quatro linhas do *business* e entrar no quadrado da vida pessoal, minhas vontades, minha liderança, minha autossuficiência, minhas certezas se viram colocados à prova e foram por água abaixo.

E eu não gostei nada, nada. De tão acostumado à dinâmica da dor, da angústia, relutei em aceitar a felicidade que se impunha à minha frente. Fui me dando conta de que, diferentemente da empresa, já não era apenas o estresse físico. Eu estava era doente também de alma. Mantive-me desconectado do presente e conectado ao amanhã. Era minha maneira de fugir da realidade. As coisas simples, gratuitas até, eu simplesmente não as percebia. Deixava de viver as coisas boas do dia a dia, sentir o brilho do sol, a brisa da noite... Pensava no que estava por vir. E quando esse "por vir" ali se apresentava, rapidamente se tornava obsoleto, se esvaía, e outro amanhã lhe tomava a vez em minha mente. Não parava, não percebia, não enxergava, não respirava o presente, que, como o próprio nome nos diz, é um presente! Mais que ansiar pelo amanhã, eu esperava que ele chegasse da exata forma como eu o projetara. Eu vivia **do** e **no** futuro, tal qual antes na empresa.

Se eu era incapaz de viver o presente para mim mesmo, tampouco o era para as pessoas que eu mais amava. Enquanto meus filhos dependiam de minha atenção, enquanto minha mulher me aguardava, enfim, enquanto o "presente" se desenrolava à minha frente, oferecendo todos os argumentos e propostas possíveis para a felicidade, para a tranquilidade, eu me ausentava, conjecturava o que eu nem sequer podia prever! Sempre o amanhã! *"Quando os dias forem bons...", "quando as crianças crescerem..."* Sem eu perceber, este exercício mental improdutivo, cansativo, continuava a me anular por dentro. Se fosse possível retratar minha condição naquele momento em um álbum de fotos, bem provavelmente eu ali não estaria; teríamos páginas e mais páginas em branco onde o pai, o amigo, o marido devia estar... Seria possível até distinguir olhares ressabiados, intranquilos na imagem das pessoas que eu mais amo e com as quais eu julgava, também naquele momento, estar suficientemente ao lado.

Até que, em uma discussão, deixei mais uma vez vir à tona toda aquela agressividade, a explosão comum dos meus tempos de empresário ressurgiu. E, em um desabafo, veio o xeque-mate de minha esposa: **"Eu me casei com uma máquina, não com um homem."** Ou seja, eu não enxergara até aquele momento que a mudança não era de ambiente externo. Era interior. Eu teria de redescobrir a essência que se escondera, cumprir a minha parte naquele trato anterior com o Mestre dos mestres e fazer muito mais do que simplesmente orar.

Desta vez, Ele agiu pelas mãos da minha companheira de vida. Cansada de minha prostração, do meu desânimo diante de tudo o que se referia à família, Maristela passou a exigir de mim uma postura de enfrentamento comigo mesmo. Ela fizera muito de esperar pelo meu tempo até ali. Ao ouvir aquelas duras palavras de minha esposa, me dei conta de que mudar dependeria apenas de mim mesmo. Como estava, seria impossível continuar. Eu teria de encarar meus fantasmas se quisesse mantê-la comigo, seguir com nosso casamento, manter minha família, manter-me vivo! Eu decidi mudar! Comprometi-me comigo mesmo que eu me transformaria; cuidaria da minha mente, do meu corpo e do meu espírito.

Por isso é que, convicto, afirmo que **o Senhor é o Engenheiro de todos os engenheiros**. Vejam como é a vida! Quando, angustiado e infeliz na empresa, dobrei os joelhos pedindo uma chance, confiava que o pedido não seria em vão. Não o foi. Naquele momento, Ele me ouviu, pavimentou outra estrada, abriu outro acesso, me conduziu por outro caminho para que eu pudesse recuperar o que perdera. Mas somente em casa, no momento de mais uma explosão sem sentido, é que me dei conta de que qualquer movimento de mudança teria de partir de mim. Recuperar meu equilíbrio, dar sentido à minha vida, retomar o controle de minhas emoções dependeria apenas de mim. Era uma decisão que somente eu poderia tomar! Naquele momento, eu decidi que não falharia outra vez, afinal, **ninguém pode fazer por você o que só você pode fazer por você mesmo**.

EPÍLOGO

Este livro é a minha vitória – e a vitória também dos que me são mais caros. Escrever estas páginas se faz no tempo-limite que eu teria para construir o meu UM BILHÃO. Faz exatos sete anos que decidi optar pela vida – a minha e a dos que amo! Não a tivesse escolhido, estaria hoje muito, muito mais rico do que estou! Porém, a que preço, meu leitor? Se eu tivesse sobrevivido à pressão a que o factível projeto de UM BILHÃO me submeteria, que espécie de homem seria eu? Que fim teria tido a minha família? Maristela estaria comigo? Meus filhos poderiam usufruir de minha companhia em viagens, em reunião de escola, em cinemas, em jogos de Fortnite, em deliciosos encontros em casa...? **NEM POR UM BILHÃO, meu amigo, eu quis pagar pra ver!** O *menos* do ontem valeu para mim o *mais* do hoje!

Tenho certeza de que você deve estar se perguntando "mas, e então, como está a cabeça do Fabio hoje? Ainda explosivo, incontrolável, *workaholic*, deprimido...?". Sete anos depois de ter tomado a decisão de deixar minha empresa, posso dizer que meu processo de reconstrução tem evoluído bem. Levei tempo, mas deixei para trás muito daquilo que maltratava o meu ser e os meus queridos. Decidi resgatar e recriar hábitos esquecidos, abandonados. Decidi me espiritualizar mais, passei a praticar esportes e a buscar o convívio de outras pessoas; embora continue seletivo, dou mais oportunidade a que outros de mim e de meu convívio se aproximem... Venho cuidando com mais esmero do espírito e do corpo, e encontrei o equilíbrio. Não foi uma transformação fácil, mas venci! Hoje me permito fazer coisas impensáveis por aquele Fabio recém-chegado aos Estados Unidos.

Digo com toda experiência que ter me decidido dedicar à família transformou o meu espírito em vários aspectos. Como disse há pouco, foi mais complexo encarar a rotina familiar e liderar dois filhos do que administrar uma empresa de quatro mil pessoas! Quando você fala aos empregados, esteja você certo ou errado, obedecem. Ali, no ambiente corporativo, vale o ditado: "Manda quem pode, obedece quem tem juízo". Em casa... Os filhos questionam – e como! Tive de aprender a ser paciente, a me dedicar a explicar os porquês de tudo, de falar dez vezes a mesma frase para ser compreendido, passei à condição de servir, não de ser servido. Essa mudança de chave foi fundamental.

Hoje aproveito com Bebela e Rafa todos os momentos possíveis – e não são poucos. Faço lição da escola com eles, vou às reuniões de professores, ao futebol, ao jogo de tênis, andamos de bicicleta, de skate, jogamos videogames e partilhamos muitas outras coisas. Procuro estar presente todo o tempo. Não tenho nenhuma dúvida de que isto os deixa mais seguros, mais confiantes, mais felizes. Tenho certeza de que a minha presença mais constante na vida deles os ajuda a formar uma base suficientemente sólida para encararem os muitos desafios que terão pela frente. Minha companhia atenta, dedicada, zelosa, os ajuda a se tornarem pessoas mais seguras para enfrentar os momentos de indecisão que virão pela frente. Estão crescendo confiantes, cientes do potencial que têm para evoluir como pessoas responsáveis. Isabela, em cinco anos, acumula mais de dez reconhecimentos da escola (Honnor Roll); Rafael vem mantendo desempenho em matemática acima da média de todas as classes que frequenta. Meus filhos se lembrarão de mim como um pai que lhes proporcionou o conforto que o dinheiro pode trazer, mas lembrarão, principalmente, que, em todos os momentos importantes da família, lá estava eu – porque eu decidi estar lá. Quando olharem para trás, quando quiserem rememorar episódios marcantes da infância e adolescência, vão ver que, sim, eu estive presente.

Jamais seremos pais perfeitos ou conseguiremos atender a todas as expectativas dos filhos, mas tenho certeza de que a nossa presença junto deles diminui muito o abismo entre expectativa e realização. O que sei nestes sete anos é que o maior beneficiado até agora por essa proximidade sou eu mesmo. Não lamento o fato de não estar a começar a usufruir do **BILHÃO** que neste exato momento eu estaria tomando posse! Mas é incomensurável o quanto de riqueza acumulei neste curto período por participar mais de perto da rotina de Isabela e Rafael. **Eu construí nesse período bilhões de motivos para ser feliz e para fazê-los felizes.**

Igualmente não é mensurável o quanto meus pequenos me têm ensinado, o quanto me obrigam a rever meus conceitos, a mudar a minha maneira de ser. Também por isso tenho que ser grato, primeiro, ao Mestre dos mestres, por ter permitido minha tomada de consciência e por ter me dado coragem para decidir nos momentos-chaves da minha vida; depois, à minha mulher, pelo chacoalhão mais que oportuno, e, em igual medida, a meus pequenos simplesmente por serem quem são. Agradecido estou por estarem bem perto de mim em meu lento processo de recuperação, desafiando meu gênio, com muito ainda a ser domado, questionando comportamentos e posturas que ainda precisam ser trabalhados. Pacientemente, meus pequenos estão me deixando crescer, amadurecer com eles!

Por isso, meu amigo, se vale ainda um último e valioso conselho, é este: não tenha medo de procurar ajuda quando o fardo se tornar pesado demais e você sentir dificuldades em prosseguir; cultive a humildade, e divida as suas frustrações e angústias com aqueles que o amam. A resposta ao problema está justamente no amor, e amor é sempre partilha, cumplicidade. O Grande Conselheiro me despertou, eu me deixei despertar. Busquei o contraponto no amor da minha esposa, dos meus filhos, dos meus irmãos, dos meus sobrinhos, dos meus amigos para sair da letargia, do estado de torpor que se encontrava minha alma. Nesse processo doloroso, percebi que nada, literalmente nada, nem UM BILHÃO, substitui o amor divino explícito no amor que as pessoas que nos são próximas mantêm por nós. Decida por você, decida pela sua família, decida pela felicidade!

Percorremos juntos estas poucas páginas, compartilhei com você muito de mim, muito do que vai na minha alma... Espero que eu tenha conseguido expressar algo da minha experiência de vida em medida tal que sirva como norte para enriquecer a sua ou, quem sabe, construí-la ou reconstruí-la em outras bases. Agora, você tem em mãos um conjunto de chaves que tem tudo para destrancar as portas de sua consciência para as imprevisíveis tomadas de decisão de sua vida. Espero que este livro o ajude a ser uma pessoa mais preparada para enfrentar com mais tranquilidade, clareza, discernimento e sabedoria todas as encruzilhadas de sua jornada. Saber decidir é uma arte, uma arte que se cultiva no exercício diário da humildade, do amor pela verdade e pelo conhecimento, na generosidade e, humanos que somos, na coragem de não ter medo de errar e recomeçar, de novo, de novo e de novo!

MENSAGEM FINAL

Querido leitor,

Esta ilustração diz muito sobre o momento da decisão mais difícil da minha vida: continuar na carreira de empresário ou resgatar a família. Frequentemente somos impelidos a tomar decisões que podem mudar o curso da nossa história e isso pode significar um abismo entre o ponto em que estamos e aonde queremos chegar. Agora você tem em mãos chaves que poderão ajudá-lo em suas decisões. Espero que algo da minha experiência nessa fascinante arte de decidir lhe sirva de estímulo para não desanimar, não deixar que a distância que o separa da sua felicidade seja um abismo impossível de vencer. Encorajo-o a identificar o que é realmente valioso na sua vida. Arrisque-se mais e lembre-se: Não há barreira intransponível e o impossível cabe a você realizar!

Fabio Ruiz

CONTATOS DO AUTOR

ffabio.ruiz@gmail.com

ofabioruiz

http://www.fabioruiz.com.br/

"Quase sempre a maior ou menor felicidade
depende do grau de decisão
de ser feliz."

Abraham Lincoln

GRUPO EDITORIAL EDITORA ANJO
WWW.EDITORAANJO.COM.BR
INSTAGRAM: EDITORAANJO